ECONOMIE+MANAGEMENT
ESSAIS

Marc Chesney

DE LA GRANDE GUERRE À LA CRISE PERMANENTE

LA MONTÉE EN PUISSANCE DE L'ARISTOCRATIE FINANCIÈRE ET L'ÉCHEC DE LA DÉMOCRATIE

Presses polytechniques et universitaires romandes

La collection Economie et management est publiée
sous la direction du professeur Jean-Philippe Bonardi.

Autres ouvrages parus aux Presses polytechniques et universitaires romandes:

Management public
Concepts innovants dans le secteur public
Norbert Thom et Adrian Ritz

Objectif qualité
Introduction aux systèmes de management de performance et de durabilité
Michel Jaccard

Gérer les ressources humaines
Des théories aux outils, un concept intégré par processus,
compatible avec les normes de qualité
Yves Emery et François Gonin

Finance d'entreprise clés en main
Guide pratique à l'usage des non-financiers
Yves de Préville

Nouvelle gouvernance d'entreprise
Des bons principes aux excellentes pratiques
Martin Hilb

Management des organisations à but non lucratif
Le modèle fribourgeois
Hans Lichtsteiner, Markus Gmür, Charles Giroud et Reinbert Schauer

Procédé de planification stratégique
Analyses, options, projets
Rudolf Grünig, Richard Kühn

La communication professionnelle
Les clés pour réussir
Jérôme Koechlin

La Fondation des Presses polytechniques et universitaires romandes (PPUR)
publie principalement les travaux d'enseignement et de recherche de l'Ecole
polytechnique fédérale de Lausanne (EPFL), des universités et
des hautes écoles francophones.

www.ppur.org

Première édition
ISBN 978-2-88915-112-7

Imprimé en Italie

De la Grande Guerre à la crise permanente

À ma famille, à tous les miens.
À la mémoire de mes parents.

Dans le cadre du salon du livre de Francfort, le consul général de Suisse dans cette ville sélectionne chaque année un ouvrage récemment publié et invite son auteur à venir le présenter. En 2014, son choix exclusif s'est porté sur « De la Grande Guerre à la crise permanente », en version allemande.

L'auteur sait gré à l'Université de Zurich de la liberté académique dont il dispose. Par ailleurs, il tient à remercier tout particulièrement ses collègues et amis Paul Dembinski et Jean-Charles Rochet pour leurs commentaires éclairés et pour leurs judicieuses remarques qui ont contribué à l'amélioration des versions préliminaires de ce livre. Il exprime aussi sa reconnaissance à Claudia Bartholemy, Bénédicte Elie, Emilio Marti et Brigitte Maranghino-Singer, ainsi qu'à Anne Buechi et Judith Henzman, des éditions Versus à Zurich et également à Olivier Babel des Presses polytechniques et universitaires romandes, pour les échanges fructueux qu'il a eu avec eux à différents moments de la réalisation de ce livre, tant dans sa version française qu'allemande. Il ne saurait oublier son épouse Meire Chesney et sa sœur Geneviève Chesney Prein, qui ont pris le temps de lire ce manuscrit et de lui faire part de leurs impressions et points de vue respectifs, ainsi que ses enfants auxquels il souhaite de vivre dignement et de pouvoir s'épanouir dans une société responsable et civilisée.

Enfin, sa plus profonde reconnaissance s'adresse à ses parents. Leur personnalité, leur courage et leur culture ont guidé sa plume. C'est du fond du cœur, qu'il dédie ce livre à leur mémoire.

TABLE DES MATIÈRES

Introduction

LE NAUFRAGE DE LA CIVILISATION AU NOM DE SON SALUT

Le soir du samedi 1er août 1914, les familles françaises comme allemandes se préparent au déchirement de la séparation. Les ordres de mobilisation générale viennent d'être affichés. Dans les villes et villages, les cloches des églises retentissent longuement. Elles portent la nouvelle tant redoutée de l'entrée en guerre, se faisant déjà l'écho des peurs et des souffrances à venir. Le premier jour de la mobilisation sera le dimanche 2 août. Dès le petit matin, la gare de l'Est à Paris sera bondée de militaires accompagnés par leur famille. Il en sera de même à Berlin à la gare Anhalter. Au nom du salut de la civilisation, ils seront autant les acteurs que les victimes de son naufrage.

Le vendredi 1er août 2014, 100 ans plus tard, de très nombreuses familles françaises comme allemandes préparent leurs vacances… Le lendemain, la gare de Lyon à Paris et la gare centrale de Berlin, seront, avec leurs TGV ou ICE, saturées de monde. En France, l'autoroute du soleil s'encombrera de ses habituels embouteillages. C'est au sud et ses plages vers lesquels s'orientent désormais les foules plutôt que vers le front de l'est, pour les uns, ou de l'ouest, pour les autres, un siècle auparavant. Au cauchemar d'une longue guerre mondiale a fait place le rêve associé au soleil et à la mer. Il n'est plus question du salut de la civilisation mais plus prosaïquement d'une pause salutaire, tandis que la crise financière semble s'installer durablement dans la société. En plein été, au cœur de l'Europe, c'est le business du tourisme qui règne dorénavant et qui permet de détourner l'attention des populations des déséquilibres que cette crise génère, évacuant momentanément les tensions qui lui sont associées. Les charniers de la Première Guerre mondiale s'estompent dans la mémoire collective, le travail d'érosion est à l'œuvre.

Le tableau monumental de la gare de l'Est à Paris nous rappelle ces drames de la Première Guerre mondiale. Est-il en quelque sorte comparable aux fresques des grottes de Lascaux, à ces traces d'un lointain passé, dont l'influence se perd dans la nuit des temps ?

Chapitre I

DE 1914 À 2014, DE LA GUERRE À LA CRISE

Un siècle déjà s'est écoulé depuis le sacrifice de la jeunesse européenne dans les charniers de la Grande guerre. Cent ans, cela semble beaucoup et pourtant il ne s'agit que de quelques générations, et d'une société – celle de 1914 – bien proche de la nôtre, avec ses universités, ses bibliothèques, ses opéras, ses théâtres et sa littérature, avec son parlement, ses palais de justice, sans oublier ses grandes entreprises et ses banques. L'Occident pouvait alors se targuer de ses réalisations économiques, sociales et scientifiques autant que démocratiques.

Bien sûr Internet était loin d'avoir fait son apparition, mais la radio avait déjà été inventée et les médias à support papier était déjà bien développés et probablement plus diversifiés et moins contrôlés qu'ils ne le sont aujourd'hui. Les vols commerciaux n'existaient pas encore, mais les trains et voitures permettaient déjà de nombreux déplacements.

Une société instruite, civilisée, au sein de laquelle deux pays, la France et l'Allemagne, à l'apogée de leur rayonnement – tous deux de tradition chrétienne et partageant les mêmes principes fondamentaux – entreprennent une guerre désastreuse avec les armes de destruction massive de l'époque. L'assassinat de l'archiduc François-Ferdinand, prince héritier de l'empire Austro-Hongrois, à Sarajevo le 28 juin 1914, est l'étincelle qui embrase l'Europe et la fait basculer dans l'engrenage de la destruction, du sacrifice de toute une génération, et de la ruine non seulement matérielle mais aussi morale de sa civilisation, au nom même de son salut. Une manipulation à grande échelle des populations permet d'entraîner les foules dans la barbarie afin de sauver prétendument la démocratie ou la nation. En témoigne notamment une œuvre majeure de cette époque, *Les Thibault*, dans laquelle Roger Martin du Gard, son auteur, prête les mots suivants à son héros: «Jamais l'humanité n'a connu un pareil envoûtement, un pareil aveuglement de l'intelligence!»[1]. Citer Erich Maria Remarque, dans *À l'Ouest rien de nouveau*, est aussi révélateur de ce naufrage de l'humanité. Il fait dire à un soldat allemand, personnage central de son roman:

> «Nous sommes consumés par les faits, nous savons distinguer les nuances, comme des marchands, et reconnaître les nécessités, comme des bouchers. [...] Nous sommes d'une indifférence terrible. [...] Nous sommes grossiers, tristes et superficiels: je crois que nous sommes perdus.»[2]

Perdus, ils l'étaient dans les tranchées, en un combat horrible et insensé. Ne le sommes-nous pas aujourd'hui? L'indifférence, la grossièreté, la tristesse et la superficialité caractérisent également les mercenaires de la guerre d'aujourd'hui.

1 MARTIN DU GARD Roger, *Les Thibault*, éd. Bibliothèque de la Pléiade, Paris, Gallimard, 1955, vol. II, p. 698.

2 REMARQUE Erich Maria, *À l'Ouest rien de nouveau*, traduit de l'allemand par Alzir Hella et Olivier Bournac, Paris, Librairie générale française, 2010, p. 95.

Le trader, mercenaire du XXIe siècle

L'échange de SMS suivant, entre deux de ces jeunes mercenaires de notre époque, est à ce titre instructif:

- salut
- salut
- c la mort
- david de CS appelle au sujet des *skew trades* (...)
- je te dis; ils vont nous défoncer (...); c soir tu as au moins 600m.

Que peut bien signifier ce langage guerrier autant que simpliste, voire trivial, entre individus prétendument éduqués? Renvoie-t-il à la notion de mort? Il ne s'agit pas de 600 morts, car ici la mort est financière. Les 600m signifient 600 millions de dollars de pertes (qui dans le cas présent atteindront finalement quelque 6 milliards). Les *skew trades* sont-ils des armes de destruction massive? Ces paris financiers à base de produits dérivés complexes semblent en effet s'y apparenter que trop souvent.

Le 23 mars 2012, dans la salle de trading de la banque JP Morgan à Londres, le trader Bruno Iksil, surnommé la « baleine de Londres » à cause de la taille démesurée de ses paris financiers, et son assistant Julien Grout comprennent en effet que leurs gigantesques paris sont perdants pour leur banque (c'est-à-dire en partie pour le contribuable). Leurs échanges expriment ce désarroi. Auparavant, en 2011, M. Iksil avait parié avec succès sur la faillite de plusieurs entreprises américaines. Ces paris auraient généré des gains de 400 millions de dollars pour JP Morgan, dont 32 millions de dollars d'émoluments rien que pour lui et deux de ses supérieurs hiérarchiques.

Une pièce à conviction supplémentaire permet de caractériser plus précisément l'état d'esprit en vigueur dans le milieu des banques d'investissements. Elle a pour auteur Fabrice Tourre, le centralien diplômé de Stanford qui dès l'âge de 22 ans fut recruté par la banque Goldman Sachs. Certains de ses courriers électroniques ont été utilisés par la Securities and Exchange Commission (SEC) qui a accusé cette banque d'affaires de s'être enrichie aux dépens de ses clients, c'est-à-dire de les avoir incités à acquérir des titres de créance adossés à des crédits hypothécaires particulièrement douteux, alors même que, sans que ceux-ci ne le sachent, la banque misait sur la chute de ces titres. Voici un exemple de sa prose :

> « De plus en plus d'effet de levier dans le système. L'édifice tout entier peut s'effondrer à chaque instant. [...] Quand je pense que c'est un peu moi qui ai participé à la création de ce produit [...], le genre de truc que tu inventes en te disant : et si on créait un machin qui ne sert absolument à rien, qui est complètement conceptuel et hautement théorique et que personne ne sait pricer [évaluer], ça fait mal au cœur de voir que ça implose en vol. C'est un peu comme Frankenstein qui se retourne contre son inventeur. »[3]

Le courriel d'un autre jeune homme confirme ce même état d'esprit. Son auteur en est Jérôme Kerviel, le trader qui aurait fait perdre 4,9 milliards d'euros à la Société Générale en 2007. Il a depuis lors été condamné par la justice alors que son employeur a curieusement évité toute peine, en dépit d'une res-

[3] WARDE Ibrahim, « Des Français qui gagnent », *Le Monde Diplomatique*, juillet 2010, consulté le 30.01.2014, en ligne : http://www.monde-diplomatique.fr/2010/07/WARDE/19358.

ponsabilité certaine dans la propagation de l'économie casino et de la désastreuse mentalité qui lui est associée. Kerviel écrit: « Dans une salle de marchés, le modus operandi idéal tient en une phrase: savoir prendre le maximum de risques pour faire gagner à la banque le maximum d'argent. Au nom d'une telle règle, les principes les plus élémentaires de prudence ne pèsent pas lourd. Au sein de la grande orgie bancaire, les traders ont donc juste droit à la même considération que n'importe quelle prostituée de base: la reconnaissance rapide que la recette du jour a été bonne. »[4]

Finalement Sam Polk, ex trader pour un fond spéculatif, met en lumière une autre dimension du problème. Pour lui comme pour nombre de ses collègues, l'argent devient une drogue. Voici un extrait:

> « Durant ma dernière année à Wall-Street, mon bonus était de 3,6 million de dollars et j'étais furieux car ce n'était pas assez. J'avais 30 ans, pas d'enfants, pas de dettes à rembourser, pas d'objectifs philanthropiques à l'esprit. Je voulais plus d'argent pour exactement le même motif qu'un alcoolique a besoin d'un autre verre. J'étais intoxiqué. Il ajoute plus loin: "Non seulement je n'aidais pas à trouver des solutions aux problèmes du monde, mais j'en profitais." »[5]

---

4 *Ibid.*

5 FOLK Sam, « For the Love of Money », in *The New York Times*, Sunday review, en ligne, 18 janvier 2014, http://www.nytimes.com/2014/01/19/opinion/sunday/for-the-love-of-money.html, consulté le 30.01.2014, traduction de l'auteur: « Not only was I not helping to fix any problems in the world, but I was profiting from them. In my last year on Wall Street my bonus was $3.6 million — and I was angry because it wasn't big enough. I was 30 years old, had no children to raise, no debts to pay, no philanthropic goal in mind. I wanted more money for exactly the same reason an alcoholic needs another drink: I was addicted. »

À lire ces courriels et témoignages, d'autres caractéristiques de la société actuelle émergent. Au sein de la sphère financière, le centre nerveux de l'économie, la vénalité ou l'absence de valeurs autres que financières ainsi que la vacuité morale sont dominantes. Le cynisme à l'état brut de jeunes gens désabusés, drogués à l'argent, fraîchement diplômés de nos meilleures institutions académiques, est non seulement toléré mais presque implicitement encouragé par leur employeur. Il convient à ce stade de remarquer que ces institutions s'enorgueillissent souvent de former de si brillants sujets, capables d'intégrer les salles de marchés des plus grandes banques internationales. Elles ne se posent que trop rarement la question de l'utilité sociale et de l'intégrité de leurs diplômés! Le recrutement à grande échelle de traders, c'est-à-dire trop souvent de mercenaires sans état d'âmes, permet aux grandes banques de participer activement à la guerre financière actuelle, où les paris de l'économie casino[6] deviennent des armes de destruction massive[7], qui ébranlent pays et entreprises tout en produisant un chômage de masse.

Ceux qui souffrent d'un tel cynisme sont en effet légions. Une chômeuse, Isabelle Maurer, en témoigne. Le jeudi 10 octobre 2013, lors d'une émission de télévision, elle interpelle Jean-François Copé, le président de l'UMP (parti politique français), de la manière suivante: « On survit avec le peu qu'on ose nous donner. Bientôt, on ne pourra plus se payer un morceau de savon pour se laver! Et faut encore que je dise merci ! »[8] s'est-elle emportée.

---

6 À ce sujet, le livre suivant est une référence: SINN Hans-Werner, *Kasino Kapitalismus*, Ullstein, Berlin, 2010.

7 L'investisseur Warren Buffet a déclaré en 2003 que les produits dérivés sont des « armes de destruction massive ».

8 MAURER Isabelle, *Des Paroles et des Actes*, France 2, 10 octobre 2013.

Un autre aspect mérite ainsi d'être relevé. Une grande partie des générations actuelles est *désemparée*, car confrontée à une situation apparemment sans issue et qui génère précisément la détresse.

Une guerre sans frontière

Aujourd'hui, la jeunesse européenne ne meurt plus en masse dans les tranchées ou sur les champs de bataille. Ceux d'entre elle qui disparaissent prématurément le doivent plutôt aux accidents de la route et aux suicides. Elle est pourtant enrôlée dans cette autre forme de guerre qu'est cette guerre financière, et dont elle pâtit le plus souvent. Ses maux sont la dépression, l'alcoolémie, le surpoids... qui sont précisément les corollaires de la détresse. Ses peurs : l'avenir et les risques de chômage et d'insécurité générés par la crise financière. Les générations actuelles sont hébétées par des médias qui présentent le plus souvent le futile comme essentiel et qui n'abordent l'essentiel au mieux que de manière futile. Ne possédant pas les clés pour comprendre les véritables enjeux, l'avenir leur apparaît trop souvent indéchiffrable et donc inquiétant. Un chômage de masse s'est installé durablement dans notre société avec pour conséquence une précarisation croissante des emplois et une marginalisation de pans entier de la population. Pour un chômeur, l'exclusion du monde de l'emploi signifie l'impossibilité de bâtir une vie et l'absence de tout horizon. Le vocabulaire guerrier traduit l'ampleur du mal. En l'espace d'un siècle la « bataille pour l'emploi » serait-elle une nouvelle « bataille de la Marne » ? Probablement non, car si du côté français la bataille de la Marne fût une victoire, l'issue de la « bataille pour l'emploi » demeure très fumeuse. L'imaginaire « inflexion de la courbe du chômage », l'incantatoire « reprise de la croissance» relèvent dans ce pays plutôt de la propagande que de la réalité.

Plus généralement, de par le monde, la crise financière a généré plus de 61 millions de chômeurs supplémentaires[9], sans compter tous ceux qui sont exclus des statistiques officielles. Elle semble posséder un caractère permanent, puisque les mesures prises pour soi-disant y remédier ne font que la prolonger.

Cette profonde crise est la résultante d'une guerre financière mondiale qui spolie et appauvrit à grande échelle une large majorité de la population du globe. Ce conflit est asymétrique, car il est essentiellement mené par une aristocratie financière, une toute petite minorité qui représente à peine 0,001% de cette population.

Les théâtres de cette guerre sont multiples et situés sur différents continents. L'Europe en est un, avec aujourd'hui la Grèce et Athènes comme point focal. Certains quartiers d'Athènes ont été ravagés par ce conflit et par cette crise financière d'une rare intensité. Tant les affrontements réguliers entre manifestants et forces de l'ordre que le chômage et la précarité à grande échelle sont les caractéristiques de cette guerre sociale. Une de ses causes (voir le chapitre 2) est qu'en 2000, la banque Goldman Sachs a permis à la Grèce de camoufler une partie de sa dette, ce qui a permis à ce pays d'intégrer la zone euro. Sans cette manipulation financière, une telle intégration n'aurait pas été possible, et cela aurait été souhaitable tant pour la Grèce que pour la zone euro.

L'Afrique est un autre théâtre de cette guerre sans frontière. Les pays perdants dans ce conflit économique et financier sont

9 Voir le rapport de l'Organisation Internationale du Travail, intitulé *Perspectives emploi social monde* et daté de janvier 2015.

pour la plupart situés sur ce continent. Une des conséquences de leur défaite est d'avoir à subir la pollution industrielle du monde développé, c'est-à-dire de lui servir de plus en plus de dépotoir. On le sait, le fleuron de la modernité, le secteur informatique, génère des milliers de tonnes de déchets. Certains pays africains, le Ghana en particulier, sont devenus de vastes décharges à ciel ouvert. Des enfants, des adolescents, au lieu d'aller à l'école, essaient jour après jour, avec des outils de fortune, de dépecer nos ordinateurs tombés en panne, pour en extraire certains métaux et les revendre. Ils sont exposés à des produits toxiques. Leur travail est dangereux. La survie quotidienne est une guerre permanente.

Par ailleurs, dans le domaine alimentaire, la spéculation effrénée créée une pénurie dont de nombreux africains souffrent. En 2008 par exemple, selon la FAO[10], plus de 900 millions d'individus souffraient de malnutrition. Pourtant, la production céréalière mondiale cette année-là aurait largement suffi pour subvenir aux besoins de l'ensemble de la population[11]. De nos jours, tous les 24 heures, quelque 25 000 personnes dont 18 000 enfants décèdent des suites de la famine[12].

L'Amérique est aussi un théâtre de cette vaste guerre. Dans le domaine industriel, au cœur même des États-Unis, la ville de Detroit autrefois réputée pour sa production automobile, est devenue méconnaissable. Certains de ses quartiers sont dévastés. Usines à l'abandon et maisons en ruine en sont les caractéristiques. Les cerveaux requis pour produire de manière

10 Source : *The FAO Hunger Map 2014.*

11 Voir à ce sujet le livre intitulé : *Bet the Farm : How Food Stopped Being Food*, de Frederick Kaufman, aux éditions Wiley, 2012.

12 Source : le livre *La faim tue*, de Jean Feyder publié par les éditions L'Harmattan en 2011, ainsi que celui de Jean Ziegler intitulé *Destruction massive* et publié aux éditions du Seuil en 2011.

compétitive des voitures plus petites, utilisant des moteurs hybrides, consommant moins d'énergie et qui émettraient moins de gaz carbonique, lui font défaut car ils ont trop souvent émigré à Wall-Street. En effet, le secteur financier rémunère bien mieux les ingénieurs que le secteur industriel, et ce non pas car il est plus efficace, mais parce qu'il est particulièrement subventionné, comme nous le verrons ultérieurement (chap. 4).

Au Brésil, au début 2015, cette guerre financière prend un caractère particulier. Le pays souffre d'un manque de liquidité, mais au sens premier du terme. Il s'agit de l'eau, essentielle à la vie! Le sud-est du Brésil subit une sécheresse inquiétante. La situation en termes de distribution d'eau est problématique. Des mégapoles comme São Paulo et Rio de Janeiro sont touchées. Les réserves qui alimentent ces deux villes ont atteint des niveaux historiquement faibles: celle de Cantareira pour São Paulo et celle de rio Paraíba do Sul que se disputent São Paulo et Rio de Janeiro. Le rationnement de l'eau est probable. Dans l'urgence, pour faire face aux besoins, l'État de São Paulo envisage d'utiliser un réservoir d'eau polluée (celui de Billings) pour la population et ce avant qu'une véritable décontamination n'ait eu lieu, ainsi que des égouts à ciel ouverts comme les fleuves Tietê et Pinheiros pour l'industrie. Actuellement, deux phénomènes sont observés. D'une part, le niveau de pluviométrie est bien trop faible. D'autre part, lorsqu'il pleut, l'eau va se perdre dans les égouts. Certains experts estiment probable que la déforestation continue de l'Amazonie soit la véritable cause de la sécheresse exceptionnelle que connaît le sud-est du Brésil. Quant au second phénomène, la société Sabesp, responsable de l'approvisionnement en eau de São Paulo, n'a pas procédé à des investissements de canalisation sérieux depuis de nombreuses années. Elle préfère distribuer des dividendes importants plutôt que d'investir dans la modernisation du réseau. Entre 2007 et 2014 les profits de cette compagnie, une des plus rentables du pays, se sont élevés à environ 10 milliards de reals, soit 3,23 milliards d'euros ou 3,4 milliards de francs suisses. De cette somme, environ un tiers fut destiné aux actionnaires, tant publics que privés. De tels dividendes dépassent de 48% le minimum légal et sont rarement observés dans de tels secteurs d'activités. Ce qui resta des profits ne fut pas vraiment investi de manière responsable. Le taux de fuite d'eau est de 36% à São Paulo, ce qui correspond à 435 milliards de litres par an! Pour cette société, il semble qu'il soit moins cher de laisser fuir l'eau que de procéder aux investissements permettant de rénover et réparer les canalisations. Les bonus des directeurs de cette compagnie sont uniquement basés sur les profits réalisés, sans qu'aucun indicateur d'efficacité ne soit considéré. Pourquoi rénover et réparer les canalisations, si cela fait en même temps diminuer les profits à court terme?[13]

La logique financière «court-termiste» est à l'origine de ces deux phénomènes. Elle correspond aux intérêts d'une élite trop souvent corrompue, et ce au détriment des besoins de base de la population. Le pays est fier d'organiser une coupe du monde de football et les Jeux olympiques en l'espace de deux ans (2014 et 2016) et néglige l'élément vital: l'eau!

Comment nous en sommes arrivés là

De 1814 à 1914, c'est-à-dire environ de la fin des guerres napoléoniennes au début de la Première Guerre mondiale, l'humanité a connu un siècle de développement social,

[13] Voir l'article écrit par Maria Luíza Filgueiras dans la revue brésilienne EXAME et publié par EXAME.com le 24 novembre 2014.

économique, scientifique unique dans son histoire. Les cent ans qui ont suivi n'ont par contre pas été à la hauteur des espérances, avec une centaine de millions de morts dus aux conflits : la Première Guerre mondiale, suivie de la grande crise de 1929, qui débouche sur l'apparition de terrifiants régimes dictatoriaux principalement en Allemagne et en URSS, mais aussi en Italie, en Espagne et au Japon. L'apparition de ces dictatures débouche à la Seconde Guerre mondiale et son lot d'hécatombes et de camps de la mort. La fin de la Seconde Guerre mondiale marqua, avec les bombardements américains sur Hiroshima et Nagasaki, l'entrée de l'humanité – ou de ce qu'il en restait – dans l'aire nucléaire, tant militaire que civile avec l'affrontement des deux super-puissances, les USA et l'URSS, dans le cadre de la guerre froide. La période de la reconstruction, dite des trente glorieuses en France ou du miracle économique en Allemagne, va générer une certaine stabilité et une prospérité en Europe occidentale.

Les années 1970 marquèrent un tournant avec la guerre du Vietnam et les chocs pétroliers. Avec l'élection de Ronald Reagan aux États-Unis et de Margaret Thatcher en Grande-Bretagne, débuta la mise en œuvre des politiques économiques néo-libérales[14], dans ces deux pays tout d'abord, puis dans la plupart des autres nations occidentales. La chute du mur de Berlin va permettre d'exporter cette politique dans l'ex-URSS ainsi que dans ses ex-pays satellites. Cette politique économique sera aussi adoptée par la Chine, c'est dire si aujourd'hui elle règne au niveau international. Selon l'intellectuel américain Francis Fukuyama, l'instauration de l'agenda néo-libéral au niveau mondial devait déboucher sur la « fin de

[14] Lire à ce sujet l'excellent livre *Masters of the Universe, Hayek, Friedman, and the Birth of Neoliberal Politics*, de Daniel STEDMAN Jones, Princeton University Press, 2012.

l'histoire», époque où non seulement les principes libéraux, mais aussi leurs pendants démocratiques, devraient permettre aux principes d'équilibre et de paix de s'imposer à l'échelle mondiale. D'après lui, avec la fin de la guerre froide, le consensus sur la démocratie libérale se formerait au niveau international.

La manipulation et le contrôle de l'opinion publique

L'état actuel de notre société, basée sur une économie financiarisée, est souvent présenté comme le stade ultime et donc indépassable du développement du capitalisme. Or qu'en est-il ? La situation actuelle est-elle caractéristique d'un capitalisme en pleine expansion dont l'épanouissement pourrait perpétuellement prodiguer ses bienfaits, y compris démocratiques, à la terre toute entière ? Il est permis d'en douter ! La présente situation ne rappellerait-elle pas plutôt celle qui prévalait au début du XXe siècle, lorsque la civilisation occidentale était convaincue de sa suprématie sur le reste du monde, jusqu'au moment où … la Grande Guerre survint ? À l'heure où une nouvelle guerre froide s'organise en Europe, sur la base, ou sous le prétexte des événements ukrainiens, la chute, le déclin accéléré de la civilisation sont déjà enclenchés. Les principes démocratiques de base sont bafoués, comme en témoigne le système PRISM de surveillance des communications électroniques et téléphoniques, révélé par Edward Snowden[15]. Un État démocratique ne saurait lire les communications de ses citoyens,

[15] Lire à ce sujet : *No Place to Hide* de Glenn Greenwald, Metropolitan Books, New-York, 2014.

ou même celles de l'ensemble de la population mondiale, épier leurs faits et gestes, et demain, si la technologie le permet, essayer de lire dans leurs pensées. Il est utile de rappeler ici les termes de l'article 12 de la Déclaration universelle des droits de l'homme: « Nul ne sera l'objet d'immixtions arbitraires dans sa vie privée, sa famille, son domicile ou sa correspondance». La société décrite par Georges Orwell dans *1984*, semble bien se réaliser sous nos yeux, voire même être dépassée par la réalité. La technologie a permis aux cauchemars de devenir réalité! La démocratie part en lambeaux du fait des contrôles intensifs et généralisés de la population. L'humanité mérite une autre fin pour sa propre histoire.

La manipulation de l'opinion publique grâce au commerce de la peur est toujours plus à l'œuvre. Aujourd'hui, ce sont des monstres financiers, présentés comme des champions nationaux, qu'il faut à tout prix sauver de peur d'un cataclysme. Ceux-là mêmes qui émettent des produits financiers toxiques et qui profitent d'une crise qu'ils ont largement contribué à créer doivent être renfloués avec des fonds publics, au nom de la stabilité et de la prospérité économique! Hier, c'était au nom de la civilisation, de la nation, de la démocratie, de la peur de la barbarie et «pour en finir avec toutes les guerres», qu'il fallait faire la soi-disante dernière. En réalité, les producteurs d'armements – Krupp en Allemagne et Schneider en France – avaient de puissants intérêts à défendre. La peur de pertes financières colossales pour les banques américaines ayant prêté des fonds à l'Angleterre et à la France fût un des facteurs essentiels expliquant l'entrée des États-Unis en guerre.

Aujourd'hui comme hier, pour couvrir de puissantes banques contre les risques qu'elles ont pris, et pour les maintenir en vie, tous les sacrifices sont requis, y compris celui de la démocratie. La suite de l'extrait des *Thibault*, cité précédemment, conserve aujourd'hui malheureusement toute son acuité: « Jamais les forces du pouvoir n'ont imposé aux esprits une si totale abdication… ».[16]

Le pouvoir et les lobbies de l'aristocratie financière

Ainsi, les principes démocratiques sont aujourd'hui bafoués en particulier dans le domaine économique. En effet, le plus souvent, quels que soient les résultats électoraux, une seule politique prévaut, celle de l'aristocratie financière. Cette dernière est tellement convaincue de la supériorité et de la primauté de ses intérêts sur ceux de l'économie et de la société, présentées par ses lobbies comme une concomitance d'intérêts, qu'elle ne se donne pas la peine d'en discuter. Mais ce n'est pas encore le pire. La plupart de nos responsables politiques en sont aussi convaincus, ou du moins font semblant de l'être.

Cette véritable caste siphonne des montants astronomiques qu'elle est incapable de véritablement investir dans l'économie. Ces sommes circulent toujours plus rapidement dans le cadre d'une finance casino contraire à la logique de l'entrepreneur, où les paris douteux sur la faillite d'entreprises, de banques ou de pays prennent le pas sur les opérations financières standard inhérentes à la logique du capitalisme. Ce qui caractérise ces paris, c'est qu'ils sont le plus souvent réalisés en se défaussant des risques sur le reste de la société. Pour les institutions financières qui ont réussi à atteindre la taille critique et une certaine densité de connexions au sein du tissu économique et financier (institutions dites « *too big to fail*») c'est en effet à l'État et donc finalement au contribuable, au retraité, au client et au chômeur – d'assumer les risques et de payer le cas échéant les

[16] MARTIN DU GARD Roger, *Les Thibault*, *op. cit.*, p. 698.

factures. Cette économie financiarisée fragilise à grande échelle tant le tissu économique que social.

Or que font les responsables politiques pour résoudre cette crise et lutter contre cette finance casino ? Ils se réunissent… et, de plus, souvent ! Nous voici rassurés. En 2011 et 2012 à Bruxelles, la situation grecque focalisa l'attention des dirigeants européens. Leurs réunions successives frisèrent le ridicule. Le spectacle que donnent les dirigeants européens est pourtant bien réglé : déclarations publiques suivies de négociations puis d'une photo de famille, de conférences de presse et d'auto-congratulations ; il est assurément affligeant. L'écrivain autrichien Karl Kraus dans son introduction aux *Derniers jours de l'humanité*, œuvre écrite en référence à la Première Guerre mondiale, fait allusion à « ces années durant lesquelles des personnages d'opérette ont joué la tragédie de l'humanité ».[17] Un siècle après, cette phrase est de pleine actualité. Ces personnages, censés incarner l'autorité de l'État, semblent souvent désorientés. Ils donnent l'impression de naviguer à vue, sans visibilité. Ils ont pourtant un objectif qui consiste à rassurer les marchés financiers, mais ils ne l'atteignent que de manière transitoire. Leurs solutions sont éphémères car leur objectif est vain. Cette nouvelle religion qu'est le néo-libéralisme requiert des sacrifices sur l'autel de la finance casino. Chercher à rassurer les marchés financiers est illusoire.

[17] KRAUS Karl, *Les Derniers Jours de l'humanité*, traduction par Jean-Louis Besson et Henri Christophe, Paris, Agone, 2005, p. 151.

Chapitre 2

CHERCHER À SATISFAIRE LES MARCHÉS FINANCIERS EST VAIN[18]

Dans l'ouvrage de l'écrivain autrichien Robert Musil, *L'homme sans qualités*[19], les personnages principaux se proposent, avant 1914, d'organiser les commémorations du 70e anniversaire de l'avènement de l'« Empereur de la Paix », prévues pour 1918 à Vienne. Qu'en fut-il ? La guerre éclata, l'empereur François-Joseph mourut en 1916 et l'Empire austro-hongrois disparut en 1918. Un siècle après, ce sont les marchés financiers et leurs convulsions qui entraînent l'économie et la société dans une logique dangereuse. Chercher à les satisfaire est tout aussi vain que de vouloir à la veille de la Première Guerre mondiale célébrer un empereur de la paix. Les marchés sont en effet par nature insatisfaits et imposent continuellement de nouveaux sacrifices.

18 Ce chapitre provient en partie de mon article, « Chercher à satisfaire les marchés est vain et dangereux », *Médiapart*, 27 décembre 2011, en ligne http://www.responsiblefinance.ch/2012/01/chercher-a-satisfaire-les-marches-financiers-est-vain-et-dangereux/.

19 MUSIL Robert, *L'homme sans qualité,* traduit par Philippe Jaccottet, Paris, éditions du Seuil, 1956.

Lors de la Première Guerre mondiale, les nations, placées sur un piédestal, exigèrent des sacrifices. Le sacrifice suprême, qui consistait à « tomber au champs d'honneur », fut le lot de millions d'européens. Aujourd'hui, les marchés financiers, tout comme déifiés eux aussi, exigent une satisfaction perpétuelle et les sacrifices qui lui sont liés. La question de savoir si un tel objectif est souhaitable semble incongrue, tant la réponse peut paraître évidente ! Bien sûr, sinon le pire nous attendrait : insolvabilité accentuée des États, dégradation de leur note par les agences de notation, tout cela menant à l'instauration de plans d'austérité encore plus drastiques. C'est d'ailleurs ce type de politique que tentent de suivre le plus souvent les gouvernements, les banques centrales et les institutions internationales comme le FMI. En un véritable consensus. L'affaire semble donc être entendue. Les réunions successives des chefs d'État de l'Union Européenne à Bruxelles depuis le début de la crise confirment une convergence des points de vue.

Il serait probablement déplacé de poser la question de l'efficacité de cette politique et de ses justifications. Mais osons tout de même.

Effets dévastateurs de la crise

Force est de constater que depuis l'éclatement de la crise en 2007, cette stratégie n'a pas vraiment été couronnée de succès. Le sud de l'Europe est le plus souvent exsangue, ayant à pâtir de plans d'austérités brutaux. En Grèce, l'avenir dira si le nouveau gouvernement formé le 25 janvier 2015 pourra durablement inverser cette politique. En Espagne et en Grèce, le taux de chômage des jeunes dépassait 50% en 2013. Dans ce dernier pays, les salaires ont baissé de 24% entre 2010 et 2014 et en 2014 environ 44% des habitants survivait en deça du seuil de pauvreté de 2009. L'Allemagne, dont l'économie est souvent citée en exemple, connaissait en 2014 environ 12 millions d'individus dans cette même catégorie. Les secteurs à bas salaire, c'est-à-dire correspondant en 2013 à une rémunération horaire inférieur à 9,30 euros de l'heure dans ce pays, se sont fortement développés. Ils englobaient pas moins de 8,37 millions de personnes cette même année, soit 24,31% de la population salariée. Un salaire minimum de 8,50 euros brut de l'heure a été introduit en janvier 2015. Il concernait 3,7 millions de salariés qui percevaient ainsi moins de 8,50 euros de l'heure en décembre 2014 et qui ont été alignés sur ce salaire horaire à partir de janvier 2015. En Allemagne, le moteur économique de l'Europe, des millions de personnes survivent avec des salaires misérables. La réduction du chômage qu'a connu ce pays repose sur un processus de transformation du chômeur en travailleur pauvre. En France, quelque 8,7 millions d'individus se situeraient en deça du seuil de pauvreté. Au troisième trimestre de 2013, un peu plus de 80% des embauches étaient réalisées sous la forme de contrats à durée déterminée, précaires par nature. En Italie environ 12% des familles vivent dans la pauvreté. En Espagne, le drame des expulsions se poursuit. Il concerne les foyers ne parvenant plus à rembourser leurs dettes immobilières ni simplement à payer les intérêts de celles-ci: selon la Banque centrale espagnole, au premier semestre 2013, plus de 35 000 familles ont ainsi dû abandonner leur logement.

En Europe, en dépit de leurs déclarations pré-électorales, les gouvernements de gauche comme de droite accentuent les pressions fiscales sur les classes moyennes ainsi que sur celles les plus défavorisées. Aux États-Unis, la situation est semblable avec, en 2014, plus de 46 millions d'Américains qui survivent désormais en dessous du seuil de pauvreté. Nombre d'entre eux sont exclus des statistiques de recherche d'emploi puisque par exemple les chômeurs n'ayant plus droit à une indemnisation disparaissent des statistiques. Cela permet d'afficher officiellement un taux de chômage de 5,7% en janvier 2015, alors qu'il est en réalité bien plus élevé. La croissance qu'a connu ce pays en 2014 est en grande partie due à la baisse du prix du pétrole, qui après l'or est devenu l'étalon économique de ce pays. Un autre facteur concerne les exportations d'armes. D'un siècle à l'autre, le commerce de la peur demeure fructueux.

Au Japon, enfin, déjà en 2012, 16% de la population survivait en deçà du seuil de pauvreté.

Tenter de satisfaire les marchés financiers s'est traduit par le renflouement du système bancaire, aux frais du contribuable, sans exiger de véritables contreparties. Ceci a conduit à un endettement record des pays développés. Entre octobre 2008 et octobre 2011, les États européens ont dépensé environ 4500 milliards d'euros, soit 37% de leur PIB pour secourir leurs systèmes bancaires.

Le rôle trouble des Banques centrales

En maintenant le système financier sous perfusion, la Banque Centrale Européenne (BCE) joue un rôle essentiel dans le cadre de cette politique financière au service des grandes banques de la zone euro.

En juillet 2012, les déclarations de son président, Mario Draghi, visant à rassurer les marchés financiers et selon lesquelles cette institution était « prête à faire tout ce qui est nécessaire pour préserver l'euro » ont eu un certain effet. Laisser envisager que le programme de rachats de dettes publiques, dont avaient bénéficié la Grèce, l'Irlande, le Portugal, l'Italie et l'Espagne, pourrait être réactivé, a permis aux taux sur les dettes espagnoles et italiennes en particulier de revenir à des niveaux moins élevés. Jusqu'à quand les marchés seront-ils susceptibles d'être rassurés, telle est la question qui mérite d'être posée à ce niveau. Par ailleurs, la politique de la BCE consistant à maintenir son principal taux directeur à un niveau presque nul et à octroyer des prêts aux banques européennes à des taux très faibles, dans l'espoir de relancer l'économie et de faire diminuer le chômage, n'a pas induit les effets escomptés. Avec les fonds empruntés, ces banques procèdent à des *arbitrages financiers*[20]. S'endetter vis-à-vis de la BCE à des taux d'intérêt quasiment nuls et utiliser ces liquidités pour investir dans des obligations supposées garanties par cette institution et qui, selon les pays européens concernés, ont des rendements situés entre environ 2 et 4%, est en effet particulièrement lucratif. Les montants déversés à grande échelle dans le système financier par la BCE ne s'investissent pas réellement dans l'économie. Les priorités des grandes banques sont manifestement ailleurs. Au lieu de se concentrer sur ce que devrait être leur activité principale, soit le prêt de capitaux aux entreprises européennes ayant des projets d'investissement rentables, elles s'impliquent dans des activités rémunératrices que sont les arbitrages financiers et la diffusion de produits financiers complexes et trop souvent *toxiques*[21].

De par leur volume, ces injections auraient dû conserver un caractère d'urgence et donc être limitées dans le temps. Or elles se sont éternisées et sont ainsi devenues porteuses de dangers.

20 **Arbitrage financier**: Il s'agit de réaliser un profit certain sans mise de fond initiale. Emprunter à taux fixe pour prêter instantanément à un taux fixe plus élevé est un exemple d'arbitrage financier.

21 **Produits financiers toxiques**: de par leur complexité, ces produits recèlent des risques qui, au moment de l'achat, ne sont généralement pas décelés par l'acquéreur, c'est-à-dire par le malheureux client de la banque qui les a créés. Lorsqu'ils sont vendus à grande échelle, ils génèrent de substantiels profits pour les banques les diffusant et un risque systémique pour l'économie, en ce sens que lorsque la toxicité apparaîtra ces clients, entreprises ou particuliers connaîtront de graves difficultés financières. Des exemples sont donnés aux chapitres 3 et 4.

Les montants deviennent énormes. Le 22 janvier 2015, le président de la Banque centrale européenne a annoncé la mise en place d'un programme de rachat d'actifs de 60 milliards d'euros par mois. Entre mars 2015 et septembre 2016, pas moins de 1100 milliards d'euros devraient être injectés dans le système financier. Les interventions de cette institution européenne n'ont jusqu'à présent pas réussi à atteindre l'objectif annoncé : relancer l'économie. Il n'y a aucune raison de croire qu'à l'avenir, de tels volumes vont permettre d'y arriver. En réalité la Banque centrale européenne est dans une impasse. Au lieu de faire demi-tour, elle accélère. Au lieu reconnaître son échec et de changer de politique, elle confirme celle-ci avec des moyens astronomiques. Se présentant comme indépendante du pouvoir politique, elle prend des mesures favorables au secteur financier qui grâce à ces rachats massifs va pouvoir se débarrasser d'actifs risqués ou douteux qui, une fois acquis par la BCE, vont ainsi passer du secteur privé au secteur public.

Ces liquidités introduites dans le secteur financier génèrent des rendements boursiers élevés, alors que l'économie reste en crise. Elles contribuent à la déconnexion croissante entre les sphères financière et économique, le secteur financier entravant de la sorte davantage le développement économique et social. La BCE construit un château de cartes qui risque de s'écrouler au moindre coup de vent.

Aux États-Unis, les achats d'obligations publiques opérés par la Banque centrale, la FED, auraient pris fin en octobre 2014. Ils avaient atteint un niveau extrême, puisqu'au 15 octobre la FED possédait environ 2300 milliards de dollars d'obligations américaines à long terme, c'est-à-dire d'une maturité d'au moins trois ans. Un montant équivalent était détenu par d'autres banques centrales comme celles du Japon et de Chine ou par des fonds souverains, le reste ayant été acquis par des investisseurs institutionnels comme des caisses de pension. Aux États-Unis aussi, les injections de liquidités de la Banque centrale ont donc été massives et cette politique aurait momentanément été stoppée. Il est effectivement problématique de faire gonfler indéfiniment le bilan de la FED. D'une certaine manière, les entreprises américaines assurent le relai puisqu'elles continuent à injecter des montants énormes dans le secteur financier. Selon un rapport de FactSet et de S&P Capital IQ, en 2013 et 2014, les sociétés américaines ont racheté pour un montant d'environ 950 milliards de dollars leurs propres actions. Conformément à la logique d'entreprise, ces sommes colossales auraient dues être utilisées pour des investissements productifs, qui auraient générés de l'emploi. Au lieu de cela, elles ont contribué à cette déconnexion croissante entre les sphères financière et économique. Elles ont en effet permis aux cours boursiers de faire bonne figure, alors que l'économie, malgré la baisse des cours du pétrole en 2014, et la société sont à la peine.

Au Japon, les achats d'obligations publiques opérés par la Banque centrale sont eux aussi colossaux. Il s'agissait en 2014 d'un montant d'environ 600 milliards d'euros. De tels volumes assèchent le marché de la dette nippone. Selon Takuji Okubo, économiste en chef de *Japan Macro Advisor*, au rythme d'achat actuel, celle-ci pourrait détenir en 2018 environ la moitié de son stock d'obligations[22]. En ce qui concerne les résultats de cette politique monétaire, les objectifs affichés en termes de relance de l'économie et d'inflation à 2% ne sont pas au rendez-vous. L'économie est toujours à la peine et l'inflation est très faible, le pays risquant de s'orienter vers une déflation.

22 Voir l'article intitulé : *Geldpolitik contra Fiskalpolitik*, de l'auteur Andreas Uhlig, dans le journal *Neue Zürcher Zeitung*, daté du 3 novembre 2014.

Le leurre de l'union bancaire

Revenons en Europe, en 1914, lorsque le président de la République française, Raymond Poincaré, lança la formule de l'« Union sacrée » reprise par de nombreux responsables politiques : la France « sera héroïquement défendue par tous ses fils, dont rien ne brisera devant l'ennemi l'Union sacrée ».[23] En 2014, c'est d'une autre union dont il s'agit : l'union bancaire supposée stabiliser les banques européennes et dont s'enorgueillissent nos gouvernements. Belle réussite en effet qu'une institution ne pouvant renflouer, dans le meilleur des cas, que deux banques de taille moyenne, et qui ne devrait être en mesure de fonctionner de manière satisfaisante qu'à partir de 2025. Tant que le système financier ne sera pas assaini, avec des banques de taille réduite pour qu'aucune d'entre elles ne soient dites systémiques, et disposant d'un niveau de capitaux propres bien plus important, ces unions resteront de fausses solutions surtout utiles à la communication de l'administration bruxelloise. C'est précisément le caractère systémique des champions bancaires nationaux qui est dangereux car il incite les gouvernements, à certains moments critiques, à faire supporter leurs coûts de renflouement au contribuable, plutôt qu'à l'actionnaire et à l'obligataire : le prétexte consistant à prétendre limiter ainsi la propagation du risque de défaut ou de faillite. Or, si le contribuable règle la facture, alors qu'il n'est pas responsable des difficultés de telle ou telle banque, alors il s'appauvrit et consomme moins, ce qui a des conséquences économiques autant que sociales. Protéger le contribuable et responsabiliser l'actionnaire et l'obligataire impose précisément un système financier composé de banques de taille réduite, susceptibles

23 Raymond Poincaré, *Au service de la France*, t. IV, Paris, Plon, 1927, p. 546.

d'assumer leurs responsabilités, c'est-à-dire de faire réellement faillite si leur stratégie s'avérait trop risquée.

Comme mentionné au début de ce chapitre, chercher à satisfaire les marchés financiers passe aussi par la mise en place par les gouvernements de plans d'austérité. Ces derniers n'ont été perçus positivement par les marchés financiers que lorsqu'ils étaient suffisamment rigoureux. Sinon, ces marchés les ont le plus souvent présentés comme étant trop tardifs ou trop légers. Faudrait-il, pour les satisfaire, baisser les rémunérations des ouvriers européens au niveau chinois, c'est-à-dire à environ 200 à 250 euros par mois pour que l'Europe retrouve enfin une véritable compétitivité ? Allons-donc, de telles politiques sont éminemment dangereuses ! On en vient à se demander s'il ne faudrait pas remonter au début du XIXe siècle pour les satisfaire, c'est-à-dire à une époque sans système de retraite, sans sécurité sociale… Paradoxalement, il arrive aussi que certains acteurs de ces marchés s'inquiètent du caractère par trop drastique de ces plans d'austérité, c'est-à-dire de leur impact négatif sur la croissance économique et donc de l'accroissement du risque de défaut qui en résulterait pour les États concernés. De telles perceptions des marchés financiers, parfois positives et le plus souvent négatives, ont généré des fluctuations erratiques des cours boursiers, susceptibles d'engendrer des profits importants pour les fonds spéculatifs et les banques d'investissement, mais entraînant l'économie réelle dans une spirale dangereuse.

La dictature des marchés financiers

Oser vouloir limiter l'influence des marchés financiers relèverait-il du sacrilège ? Les institutions qui s'échinent, sans beaucoup de succès d'ailleurs, à vouloir satisfaire des marchés qu'elles présentent comme étant irrationnels dès qu'ils réagissent à la baisse à de supposées bonnes nouvelles, ne procèdent-elles pas elles-mêmes de ce fait d'une attitude irrationnelle ? Si, comme la théorie financière moderne l'indique, les marchés financiers se comportent souvent de manière irrationnelle, chercher à les satisfaire serait non seulement illusoire mais encouragerait aussi leur tendance à l'irrationalité.

Mais qui se cache derrières les marchés financiers, des dieux électroniques de l'ère moderne dont les sentences irrévocables tombent en temps réel sur nos écrans ? Plus prosaïquement, il s'agit de puissants acteurs comme les banques d'investissement et les fonds spéculatifs. Avoir pour objectif de rassurer des marchés financiers dominés par de tels acteurs est illusoire car sur ces marchés où les transactions financières sont effectuées à des fréquences toujours plus élevées (jusqu'à quelques microsecondes, c'est-à-dire millionièmes de seconde, pour le trading à haute fréquence), c'est la fébrilité, et non la stabilité, qui génère leurs profits.

L'impact sur le fonctionnement démocratique qui devrait être celui de nos sociétés est par ailleurs important. Les responsables politiques sont élus sur la base de programmes… qui le plus souvent sont défaits dès qu'ils ont le malheur de déplaire aux marchés financiers. Ainsi, un sentiment d'impuissance se développe au sein de la population.

En 1966, lors d'une conférence de presse à l'Elysée, le Général de Gaulle déclara : « la politique de la France ne se fait pas à la corbeille »[24]. Force est de constater qu'aujourd'hui la page est tournée. Dorénavant, ce sont les marchés financiers électroniques qui déterminent ce que doit être l'orientation économique, financière et par conséquence sociale des pays ! Les dirigeants,

---

[24] Déclaration du 28 octobre 1966 faite lors d'une conférence de presse au Palais de l'Élysée.

qu'ils soient de gauche ou de droite, se doivent d'appliquer une seule politique, celle des marchés financiers. Cela s'apparente à une forme de dictature. Début novembre 2011, Georgios Papandreou, encore premier ministre grec, eut l'audace d'envisager un référendum pour que ses concitoyens puissent s'exprimer au sujet de l'aide financière qui devait être apportée à leur pays et des plans d'austérité l'accompagnant. Quelques jours plus tard, il avait perdu le pouvoir. Dans un cadre présupposé démocratique, il serait souhaitable que les citoyens non seulement grecs mais aussi allemands, français… aient voix au chapitre sur ces questions qui les concernent directement, et qu'ils puissent décider de l'utilisation de fonds publics ! Fin 2014, le FMI a annoncé qu'il suspendait ses prêts à la Grèce en attendant la formation du prochain gouvernement prévue en janvier 2015. L'union européenne n'était pas en reste. Pierre Moscovici, le commissaire européen à l'économie, avertissait régulièrement : « La Grèce doit respecter les engagements pris et mettre en place les réformes qui s'imposent. » Pour Wolfgang Schäuble, ministre allemand de l'économie, il n'y a pas d'alternative aux réformes mises en place en Grèce. Les marchés financiers, le FMI ou de la Communauté européenne ont une conception particulière de la démocratie : leurs exigences doivent primer sur le choix des électeurs. Les peuples peuvent voter, mais leurs gouvernements doivent se conformer à certaines « recommandations ». Sinon, des avertissements puis des menaces sont envoyés aux populations qui auraient l'audace d'envisager la renégociation et l'annulation partielle de leurs dettes, alors que celles-ci résultent pour une grande part de politiques fiscales et financières le plus souvent imposées par ces mêmes marchés financiers.

Le 25 janvier 2015, le nouveau gouvernement grec a été élu sur la base d'un rejet de la dictature des marchés financiers et du diktat de la Troika, c'est-à-dire de l'Union européenne, de la Banque centrale européenne et du Fonds monétaire international. L'avenir dira si ce gouvernement pourra arriver à ses fins et appliquer une autre politique financière, puisque celle qui a prévalu jusqu'au 25 janvier est synonyme d'échec. La population a souffert d'une douloureuse austérité, qui sous l'angle économique n'a fait qu'empirer la situation. Un effacement partiel de l'énorme dette de ce pays, comme ce fut d'ailleurs le cas pour l'Allemagne en 1953, semble inéluctable.

De qui se moque-t-on ?

Les marchés ont-ils des vertus qui obligeraient les États à tenir leurs comptes ? Franchement, cela relève de la supercherie. Les dérapages budgétaires de la Grèce ont en partie été camouflés en 2000 grâce à l'utilisation d'un produit financier complexe (le *Swap de devises*[25]) mis en place par un des acteurs importants de ces marchés, la banque Goldman Sachs en l'occurrence. Ce montage douteux a coûté à la Grèce environ 300 millions d'euros qui se sont transformés en autant de commissions pour cette banque. Le montant de dette ainsi dissimulé a contribué à ce que la Grèce satisfasse en apparence les critères de Maastricht lui permettant d'intégrer la zone euro, ce qui n'aurait pas dû être le cas. Mario Draghi, le président de la Banque Centrale Européenne, fut de 2002 à 2005 vice-président de Goldman Sachs Europe. Force est de constater qu'il n'a jamais condamné

25 **Swap de devises** : Il s'agit de contrats financiers imposant aux parties impliquées d'échanger des montants de devises à un taux de change et à une date déterminés et de procéder ultérieurement aux paiements correspondants d'intérêts et au remboursement final des montants en question. Dans le cas qui nous intéresse, cet échange de devise et l'utilisation d'un cours euro dollar fictif a permis à la Grèce de réaliser un emprunt caché, dans le sens où il n'apparaissait pas dans la comptabilité nationale.

publiquement ces opérations. Loukás Papadímos, alors gouverneur de la Banque centrale grecque et premier ministre de ce pays courant 2011, fut un maillon clé de la transaction. Ces deux dirigeants ont fait ou font encore partie à la date où ce livre est écrit – c'est le cas pour Mario Draghi – de ce groupe de technocrates qui en Europe sont supposés remettre les comptes publics en état et limiter l'ampleur des dettes.

Par ailleurs ce sont bien les banques d'investissement qui ont d'emblée critiqué les tentatives, pourtant bien timides, de régulation du Comité de Bâle et qui, grâce à un lobbying intense, ont réussi à affaiblir les versions initiales des *accords dits de Bâle III*[26], pourtant bien modestes, et dont un des objectifs était de limiter à la marge leur endettement gigantesque. Ce sont ces mêmes banques qui actuellement poussent des cris d'orfraie en observant que les pays développés ont des endettements colossaux résultant précisément de leur renflouement en 2008.

Briser le tabou de l'excessive taille et de la complexité des marchés financiers

Les *produits dérivés*[27], par exemple, sont surtout présentés comme des instruments de couverture permettant aux acteurs

26 **Accords de Bâle III** : les accords dits de Bâle III, publiés par le comité de Bâle (hébergé par la Banque des Règlements Internationaux) en décembre 2010 et révisés juin 2011, visent à réguler le système bancaire. L'objectif ultime étant de stabiliser le système financier. Ces tentatives demeurent cependant bien timides et sous contrôle des lobbys financiers.

27 **Produits dérivés** : il s'agit de contrats financiers dont la valeur dépend d'un actif sous-jacent. Un exemple de produit dérivé est une option d'achat sur action qui permet à son détenteur d'acheter une action à un prix fixé à l'avance et pendant une période de temps prédéterminée.

de l'économie réelle, tels les importateurs ou exportateurs, de se couvrir contre les variations défavorables des cours de devises. Par exemple, si une société française importe des produits fabriqués en Suisse, elle devra payer en francs suisses à une date déterminée. Il pourrait être utile qu'elle s'assure contre une éventuelle hausse du franc suisse par rapport à l'euro, pour éviter d'avoir à en subir les conséquences, c'est-à-dire avoir à acheter les francs suisses à un prix en euros supérieur. De même, une compagnie aérienne pourra se couvrir contre une éventuelle augmentation des cours du combustible, libellés en dollars, en acquérant des options d'achat sur celui-ci, lui permettant d'acheter ce carburant à un prix fixé à l'avance. Or les produits dérivés ont globalement une valeur nominale qui représente environ 10 fois le PIB mondial. C'est complètement démesuré. L'importateur de doit pas couvrir 10 fois la valeur des produits importés, mais seulement une fois. De même, la compagnie aérienne ne doit pas assurer dix fois son volume de combustible anticipé, mais une seule fois. Par ailleurs, de nombreux échanges économiques ne sont sujet à aucun risque de change, puisqu'ils ne dépendent pas ou alors très peu du cours de telle ou telle devise, ni du prix en dollar du combustible…

Par exemple le commerce agricole, lorsque production et consommation s'effectuent dans la zone euro, est largement exempt de tels risques. Si les produits dérivés correspondaient essentiellement à des produits d'assurances, leur valeur nominale devrait donc être bien inférieure à celle du PIB mondial, soit de l'ordre de 20 ou 40% de celui-ci, et non pas 10 fois plus!

Les marchés de change ont aussi une taille excessive. Quelque 6 jours de transactions sur ces marchés seraient suffisants pour permettre à l'ensemble du commerce international annuel de biens et services de s'effectuer. Les activités des traders durant tous les jours restants de l'année ont-elles encore une utilité sociale ? Il est permis d'en douter ! Les 359 jours restants concourent au développement d'une spéculation démesurée qui nuit à l'efficience et à la transparence du marché des devises, pourtant essentielles aux entreprises dans leurs activités d'exportation et d'importation. Le 15 janvier 2015, l'annonce de l'abandon du taux plancher par la Banque Nationale Suisse est aussi la résultante de cette taille excessive des marchés de change. Pour lutter contre la tendance continuelle du franc à l'appréciation, la Banque Nationale Suisse avait instauré en 2011 un taux plancher de 1,2 franc pour un euro. Pour maintenir cette politique, elle a dû acheter d'énormes montants d'euros. Le coût de cette politique est ainsi devenu trop élevé[28]. Pour donner un ordre d'idée, en 2013 le volume journalier moyen de l'ensemble des transactions sur le franc suisse correspondait à environ 270 milliards de $. Les transactions franc suisse – euro étaient situées à approximativement à 70 milliards de $ par jour en 2013[29]. Un fond d'investissement s'engageant à hauteur de 500 millions de dollar, peut obtenir de la part d'une grande banque un crédit de 9,5 milliards de dollars. Une mise initiale de 5% est suffisante. Il peut ainsi spéculer à la hausse du franc suisse et à la baisse de l'euro avec une énorme force de frappe : 10 milliards de dollars. D'autre fonds spéculatifs ainsi que des grandes banques peuvent en faire autant. À long terme la BNS ne peut rivaliser avec de tels acteurs. Son bilan était déjà d'environ 500 milliards de francs suisses juste avant cette annonce, soit quelque 85% du PIB suisse. Elle ne pourrait le faire grossir indéfiniment en achetant

28 Voir l'article intitulé : « La décision de la BNS en dix questions », *Le Temps*, 7 septembre 2011.

29 Voir le rapport de la Banque des Réglements internationaux : « Triennial Central Bank Survey Global foreign exchange market turnover in 2013 », février 2014.

chaque jour plusieurs milliards d'euros que vendent fonds spéculatifs et grandes banques, et tenter ainsi d'avoir un impact sur le taux de change de l'euro. Par ailleurs, comment investir ces euros de manière judicieuse? Investir dans des actifs associés à une devise dont l'avenir est incertain lui fait encourir des risques élevés.

La complexité, quant à elle, est susceptible de se transformer en un véritable facteur de profit et de pouvoir: de profit, car les banques d'investissement en mesure d'émettre des produits dérivés complexes excluent de fait leurs concurrentes plus petites de ce marché, espérant ainsi réaliser d'importants bénéfices. La complexité est aussi un facteur de pouvoir, car seuls les dirigeants d'institutions de banques d'investissement ou de fonds spéculatifs sont supposés comprendre et maîtriser cette complexité. Ils sont ainsi nombreux à occuper par la suite les fonctions les plus hautes au niveau politique. C'est le cas d'anciens hauts responsables de la banque Goldman Sachs, comme Robert E. Rubin, ou Henry M. Paulson Jr., qui devinrent par la suite chacun à leur tour Secrétaire au Trésor, respectivement de l'administration Clinton et de celle d'Obama. C'est aussi le cas de Mario Draghi, déjà mentionné, qui est à la tête de la Banque centrale européenne à l'heure où ce livre est écrit, ou encore de Mario Monti, premier ministre du gouvernement italien de 2011 à 2013. C'est encore le cas du ministre de l'économie espagnol, Luis de Guindos, nommé fin 2011, et qui a été président de la banque Lehman Brothers pour l'Espagne et le Portugal.

Ces technocrates présentés comme étant neutres mettent en place, en réalité, des politiques favorables aux institutions qu'ils ont servies.

De fait, l'écrasante majorité de la population est exclue du débat concernant les risques associés aux marchés financiers et aux innovations financières. C'est inquiétant pour la démocratie en général et pour le contribuable en particulier qui, en dernière instance, supporte ces risques!

En conclusion, dans la situation actuelle, chercher à satisfaire le Moloch financier est non seulement vain mais aussi dangereux en termes tant sociaux que démocratiques et économiques. Il est urgent de remettre la sphère financière à sa place, c'est-à-dire, de réduire sa taille et sa complexité pour qu'elle puisse à nouveau jouer son rôle au service de l'économie et de la société.

À ce niveau, il est intéressant d'analyser comment la sphère financière, qui se drape dans les habits de la doctrine libérale supposée répondre aux intérêts du plus grand nombre, en vient à contredire jour après jour les propres principes de cette doctrine, dans une dynamique antidémocratique. L'aristocratie financière s'appuie en effet sur des groupes de pression[30] particulièrement puissants qui ont le pouvoir d'influencer gouvernements et institutions internationales. Les contradictions entre les principes vertueux affichés par le secteur financier et son fonctionnement douteux constituent le thème du prochain chapitre.

[30] Voir à ce sujet: JOHNSON, Simon et KWAK, James, 13 Bankers, *The Wall Street takeover and the next financial meltdown*, New York, Pantheon books, 2010.

Chapitre 3

LIBÉRALISME : LA SPHÈRE FINANCIÈRE EST CROYANTE MAIS NON PRATIQUANTE[31]

Pendant le siècle d'or du libéralisme, de la fin des guerres napoléoniennes au déclenchement de la Première Guerre mondiale, le développement des nations industrielles s'est appuyé sur l'existence de grandes banques qui ont permis aux industries nationales de bénéficier de l'épargne locale. Avec la première globalisation, durant les années 1870 à 1914[32], le processus s'est internationalisé, c'est-à-dire que les grandes banques ont cherché à orienter de plus en plus l'épargne nationale vers des pays étrangers. Encore en 1917, 44% des banques russes étaient en mains étrangères, dont presque une moitié en mains françaises[33]. La France était alors à la pointe des investissements à l'étranger, juste après l'Angleterre[34].

---

31 Ce chapitre et le suivant s'inspirent en partie de mon article intitulé « Der Liberalismus und die Logik des Finanzsektors », *Neue Zürcher Zeitung*, 1er juillet 2013.

32 Voir à ce sujet : Suzanne BERGER, Raphael DORMAN et Helen STARBUCK, *Notre première mondialisation. Leçons d'un échec oublié*, Paris, République des Idées, Seuil, 2003.

33 *Ibid.*, version anglaise en ligne, p. 57.

34 *Ibid.*, p. 4.

Lorsque certaines banques commencèrent à orienter l'épargne vers des placements douteux, plutôt que productifs, leur logique libérale commença à battre de l'aile. Le scandale du canal de Panama[35] en constitue un parfait exemple. La Russie, un autre: bien avant la révolution de 1917, des voix s'étaient élevées pour alerter de la situation qui prévalait dans ce pays; selon un économiste russe de l'époque[36] «le budget russe est un objet décoratif pour l'étranger». En France, Jean Jaurès dénonçait le contrôle monopolistique de l'épargne française laissé à quelques banques, ainsi que les commissions que celles-ci percevaient pour les prêts à l'étranger. L'ampleur de ces commissions était particulièrement importante, puisque pour le Crédit Lyonnais par exemple, entre 1887 et 1903, 30% des profits provenaient de ses affaires en Russie[37]. En France des journalistes furent payés pour continuer à vanter les mérites de la Russie, pour le plus grand plaisir de ce pays et de certaines banques françaises[38]. La suite est connue. À la fin de la grande guerre, deux tiers des investissements français à l'étranger furent purement et simplement perdus[39].

De la première à la seconde mondialisation

Aujourd'hui, avec la seconde globalisation, l'Eldorado économique n'est plus russe, il est chinois et les grandes banques occidentales sont directement impliquées dans le montage

35 Le **scandale de Panama**: Il s'agit d'un scandale lié à une affaire de corruption en France à la fin du 19e siècle. À cause de cela, une société française, créée en 1879 pour financer la construction du canal de Panama, fit faillite en 1889.

36 *Ibid.*, note 32, p. 65.

37 *Ibid.*, p. 51.

38 *Ibid.*, p. 63.

39 *Ibid.*, p. 39.

des investissements dans ce pays. Tout comme alors, il est fort probable que les risques économiques et sociaux – sans même songer à ceux d'ordre environnemental – soient sous-estimés et que l'information soit manipulée. Les États-Unis jouent également un rôle clé dans le cadre de cette seconde globalisation. Ils incarnent un autre Eldorado : la référence en matière de néo-libéralisme débridé. Depuis les années 1980, Wall-Street et ses grandes banques américaines donnent le « la » en finance, tant en termes de montages douteux que de produits toxiques. Par ailleurs, la puissance militaire des États-Unis et la domination du dollar assurent un avantage certain à ce pays et lui permettent de vivre encore au-dessus de ses moyens.

Cette seconde globalisation, contrairement à la première, nuit directement au progrès social. La situation empire d'une génération à l'autre et l'inquiétude des populations est grandissante. L'agenda néo-libéral mis en place dans les années 1980 et le rôle dévolu aux grandes banques dans ce processus sont les éléments clés de cette globalisation qu'il convient d'analyser avec attention.

La fin d'une époque

Les années 1970, caractérisées par la stagflation[40], l'abolition des accords de Bretton-Woods qui garantissaient des taux de change fixes entre les grandes monnaies depuis la fin de la Seconde Guerre mondiale, les conséquences économiques de la guerre du Vietnam, les chocs pétroliers… marquent la fin d'une époque. Avec l'accession au pouvoir de Margaret

[40] Situation économique où la stagnation économique, c'est-à-dire une croissance atone, voire négative, s'accompagne d'une inflation.

Thatcher en Angleterre (1979) et de Ronald Reagan aux USA (1981), les années 1980 vont être le témoin d'un changement de politique économique au niveau international. Une politique de l'offre se substitue à une politique de la demande. La *politique de la demande* était de nature keynésienne, basée sur un état interventionniste dont les dépenses étaient censées réguler l'économie et stabiliser le chômage à un faible niveau.

La *politique de l'offre* est de nature néo-libérale, basée sur la dérégulation des sphères économiques et financières ainsi que sur la privatisation des entreprises publiques. Elle s'accompagne d'une politique monétariste dont l'objectif est de contenir l'inflation. Une banque centrale soi-disant indépendante du pouvoir politique est censée contrôler la masse monétaire. Cette politique de l'offre est supposée créer les conditions permettant une croissance économique ultérieure.

Cette politique de dérégulation a débouché sur des règles implicites comme celle conférant aux agences de notation un pouvoir exorbitant sur l'économie, ou celle permettant aux institutions financières supposées être «*too big to fail*» de se financer à un coût moindre – ce qui revient en fin de compte à leur allouer des subventions – ou encore celle imposant aux contribuables de supporter les coûts liés aux éventuels renflouements de ces mêmes institutions, lorsqu'elles sont en situation de quasi-faillite.

Les situations de cartel, le recours à des subventions ainsi que la privatisation des bénéfices et la socialisation des pertes sont clairement contraire à l'esprit du libéralisme.

Qu'est-ce que le libéralisme?

Nous souhaitons démontrer ici que la logique de la financiarisation de l'économie, qui est caractéristique de l'actuelle globalisation, contredit les principes de base du libéralisme, les principes mêmes sur lesquels elle est censée reposer. Mettons quelques auteurs de référence du domaine, tels Von Mises, Hayek, Milton Friedman ainsi qu'Adam Smith à contribution pour mieux nous aider à cerner ce qu'est supposé être le libéralisme.

Tout d'abord von Mises qui à la question « qu'est-ce que le libéralisme ? » répond :

> « Le libéralisme est une doctrine entièrement consacrée au comportement des hommes dans ce monde. En dernière analyse, il n'a rien d'autre en vue que le progrès de leur bien-être extérieur et matériel. »[41] Et il poursuit de la manière suivante : « le libéralisme a toujours eu en vue le bien-être général, et non celui d'un groupe particulier ».[42]

À la question de savoir ce que le libéralisme n'est pas, von Mises répond :

> «Une politique antilibérale est une politique de consommation, d'érosion du capital. Elle privilégie le présent au détriment de l'avenir. »[43]

41 MISES Ludwig von, « Le Libéralisme », *Les essais : Cahiers trimestriels (Contributions à la nouvelle pensée économique)* traduit par Hervé de Quengo, Paris, Imprimerie du Delta, 1964, chapitre II « Le bien-être matériel », pp. 47-157.

42 MISES Ludwig von, « Le Libéralisme », *op. cit.*,

43 MISES Ludwig von, « Le Libéralisme », *op. cit.*, chapitre IV « L'objectif du réalisme », p. 8.
MISES, Ludwig von, *Liberalismus, op. cit.*, p. 8 : « Die antiliberale Politik ist Kapitalaufzehrungspolitik. Sie empfiehlt, die Gegenwart auf Kosten der Zukunft reichlicher zu versorgen. » Traduction adaptée.

Friedrich von Hayek, de son côté, s'exprime très clairement contre l'interventionnisme de l'État en matière économique et sur ce que le libéralisme devrait éviter. Il écrit :

> «L'État devrait se limiter à établir des règles adaptées aux conditions générales, aux situations-types et garantir à l'individu la liberté d'action dans toutes les circonstances spécifiques, car seul l'individu peut connaître parfaitement ces circonstances particulières et régler sa conduite en conséquence. »[44]

Enfin, selon Adam Smith, dans une société libérale chacun « est conduit par une main invisible à promouvoir un objectif qui n'entre nullement dans ses intentions [...][45] » « En poursuivant la recherche de ses intérêts, il promeut ceux de la société de manière plus efficace que s'il n'avait intentionnellement cherché à le faire. »[46] En d'autres termes, tenter de satisfaire ses propres intérêts promeut ceux de la société. L'expression d'Adam Smith, « main invisible », évoque cette idée.

De 1815 à 1915, la mise en application de politiques inspirées du libéralisme a permis un développement sans précédent, tant dans les domaines économiques et scientifiques que sociaux, et ce pour le plus grand nombre.

Une aristocratie financière qui se drape dans les habits du libéralisme

Comparer chacun des extraits précédents avec la situation actuelle est riche d'enseignement. Commençons avec von Mises.

---

44 HAYEK Friedrich August, *La Route de la servitude*, Paris, PUF, 2010, p. 83.

45 SMITH Adam, *Recherche sur la nature et les causes de la richesse des nations*, Paris, Flammarion, 1991, pp. 42-43.

46 *Ibid.*

«Le libéralisme a toujours eu en vue le bien-être général et non celui d'un groupe particulier.»

La distribution des revenus permet de mesurer dans quelle mesure le bien général est respecté ou négligé. Une perspective historique est à ce niveau intéressante. Selon l'économiste Thomas Piketty[47], aux États-Unis, 1% de la population disposant des revenus les plus élevés percevait en 1910 environ 18% du total des rémunérations. En 1970, la situation s'était partiellement rééquilibrée et ce même 1% n'en percevait plus que 8%. En 2010, les écarts de revenus étaient à nouveau très élevés: soit 18% du total des rémunérations perçus par 1% de la population, ce qui correspondait à la situation un siècle auparavant.

Maintenant, si au lieu de se centrer sur ce 1% de la population ayant les revenus les plus élevés, un pourcentage encore inférieur, de l'ordre de 0,001% est considéré, alors en comparaison avec la Première Guerre mondiale, les écarts s'accentuent. Les travaux de Thomas Piketty se basent sur les déclarations d'impôts, or l'existence de paradis fiscaux, de produits financiers complexes et de montages comptables opaques facilite le camouflage de vastes fortunes. Ainsi, dans de nombreux pays, les différences de revenus ont atteint aujourd'hui des niveaux extrêmes et inconnus jusqu'à alors.

Le cas des États-Unis parle de lui-même. En 2006, au niveau des fonds spéculatifs, les vingts directeurs les mieux rémunérés ont perçu en moyenne 657 millions de $. Ces revenus sont environ 15000 fois plus élevés que le salaire moyen qui prévalait cette année-là. Le rapport entre les rémunérations les plus hautes et le salaire moyen se situait dans un ordre de

[47] PIKETTY Thomas, *Le Capital au XXIe siècle*, Paris, éditions du Seuil, 2013.

grandeur de 30 à 40 en 1970. Ces revenus des directeurs de fonds spéculatifs correspondent à 18 fois (Associated Press) la rémunération moyenne des vingt PDG les mieux rémunérés des institutions non financières de l'indice S&P 500, ce qui indique bien où le véritable pouvoir se concentre.

En France, à titre de comparaison, le rapport existant entre le salaire du Président de la République et celui du smicard est de l'ordre de 10[48]. En 2006 Thierry Desmarest, Président du conseil d'administration de Total perçut environ 3 millions d'euros, soit 2142 fois ce que percevait le smicard.

En 2006 le PDG du fond spéculatif Renaissance Technologies a perçu une rémunération de 1,5 milliard de dollars, soit environ 20 fois plus que le CEO le mieux rémunéré (Yahoo) parmi les institutions non financières de l'indice S&P 500, soit 72 millions de dollars (selon Associated Press). En 2007, ce multiple a atteint 44. John Paulson, directeur du fond spéculatif qui porte son nom, a en effet perçu environ 3,7 milliards de dollars (et celui d'Oracle 85 millions de dollars). Ce montant représente environ 80 000 fois le revenu moyen dans ce pays.

Des écarts de plus en plus vertigineux

En 2013, les écarts se sont encore accentués par rapport à 2007. Les directeurs des vingt fonds spéculatifs les mieux rémunérés ont perçu en moyenne 1,1 milliards de $, soit environ 25 000 fois le salaire moyen dans ce pays et environ 33 fois plus que la moyenne des rétributions des vingt PDG les mieux rémunérés des institutions non financières de l'indice S&P 500, en l'oc-

[48] En réalité, le véritable écart est plus important, puisque le Président de la République, logé au Palais de l'Élysée ne s'acquitte d'aucune des factures de la vie courante : loyer, alimentation et déplacement (même en scooter)…

currence 33 millions de $. Cette même année George Soros, le directeur le mieux rémunéré d'un fond spéculatif, en l'occurrence Soros Fund Management Renaissance Technologies, a perçu une montant de 4 milliards de dollars, soit environ 52 fois plus que Larry Ellison le PDG le mieux payé (Oracle) des institutions non financières de l'indice S&P 500, qui a reçu 76,9 millions de dollars[49]. Comparé au revenu moyen aux États-Unis, George Soros a perçu en 2013 approximativement 87 000 fois plus.

Ce type de rémunérations astronomiques est encore plus problématique lorsqu'il s'accompagne de lourdes pertes pour l'actionnaire et le contribuable.

Ainsi selon différentes estimations, Richard Fuld, ex-CEO de Lehman Brothers, a perçu entre 2000 et 2007 environ un demi-milliard de dollars et ce en dépit de sa responsabilité dans la stratégie qui va mener cette banque à la faillite.

Les exemples de ce type sont multiples et sans frontière. Ainsi en Espagne, un des dirigeants de la banque *Bankia,* Aurelio Izquierdo, perçut pour sa future retraite un « parachute doré » de 7,6 millions d'euros en 2012, en dépit des 23 milliards d'euros que le contribuable européen eut à verser à cette banque pour éviter sa faillite.

Quant au directeur d'AIG Financial Product Division, Joseph Cassano, il a été engagé après son retrait en 2008 comme « consultant » par cette société d'Assurance américaine, pour un salaire d'un million de dollars par mois. Or, quasiment en faillite en 2008, cette dernière fût renflouée par le contribuable américain. Selon Joseph Cassano, ce contrat de

[49] Voir les liens « Executive Compensation » : http://graphics.wsj.com/executive-salary-compensation-2014/ ?year=2013, ainsi que « Forbes » : http://www.forbes.com/sites/nathanvardi/2014/02/26/the-highest-earning-hedge-fund-managers-and-traders/

conseil permettrait de conserver au sein d'AIG cette « connaissance intellectuelle »[50] dont il serait porteur ! Contrairement à d'autres institutions financières, AIG avait massivement parié sur la survie de la banque Lehman Brothers, ce qui fut à la source de ses déboires. De quelle « connaissance intellectuelle » parle-t-on ? *That is the question.*

Il convient aussi de mentionner Jamie Dimon, le PDG de JP Morgan Chase, dont la rémunération a augmenté de 74% en 2013 pour atteindre 20 millions de dollars, et ce en dépit des pertes d'environ 6 milliards de dollars liées aux activités du trader Bruno Iksil en 2012 (chap. 1) et des quelques 20 milliards de dollars de pénalités payés par cette banque en 2013, pour tenter de trouver une solution aux multiples affaires judiciaires ou accusations auxquelles elle était confrontée, dont celle de complicité de fraude dans la cas de l'escroc Bernard Madoff. Bénéficier d'un conseil d'administration compréhensif et diriger une banque dite « *too big to fail* » est manifestement lucratif.

Selon von Mises, dans une société libérale, seul un accroissement général de la productivité du travail dans un secteur donné peut générer une augmentation des rémunérations dans ce secteur. En ce qui concerne la sphère financière, argumenter que le niveau atteint par les rémunérations les plus élevées serait justifié par un accroissement de la productivité relève du cynisme si ce n'est de la malhonnêteté intellectuelle.

Les statistiques relatives aux personnes les plus démunies sont tout aussi impressionnantes. Au début du XXIe siècle, selon l'ONU, quelque 40% de la population mondiale ne disposait au plus que de deux dollars par jour. Selon la FAO, environ 800 millions d'individus souffrent des conséquences d'une

50 Voir l'intervention de Joseph Cassano dans le film *Inside Job.*

sous-nutrition chronique en 2014 et plus de deux millions et demi d'enfants en meurent chaque année.

Les richesses accumulées mettent aussi en évidence des écarts injustifiables. Selon le Bloomberg Billionaires Index, les deux cent premières fortunes mondiales cumulées correspondaient en 2012 à 2700 milliards de dollars, soit l'ordre de grandeur du PIB de la France. La somme des cent premières fortunes mondiales serait de l'ordre de 1900 milliards de dollars, en augmentation de 241 milliards de dollars par rapport à 2011. Selon le Wealthreport de 2012, les 63 000 personnes qui possédaient une fortune supérieure à 100 millions de dollars, c'est-à-dire environ 0,001% de la population mondiale, détenaient un pactole global d'environ 40 mille milliards de dollars, ce qui équivaut à un montant supérieur à la moitié du PIB mondial. Selon le classement de l'agence Bloomberg du 2 janvier 2014, les 300 milliardaires les plus riches du monde ont vu leur fortune augmenter de 524 milliards en 2013. Ensemble, ils représentent une richesse totale de l'ordre de 3700 milliards. Le 1% de la population le plus riche possède autant que les 99% restant, c'est-à-dire 50% de la richesse mondiale.

Enfin selon l'ONG OXFAM, en 2014 les 85 individus les plus fortunés possédaient autant que la moitié la plus pauvre de la population mondiale.

Ainsi au niveau international, les écarts démesurés que nous observons tant au niveau des revenus que des richesses sont comparables à ceux d'avant la Première Guerre mondiale, voire accentués. Ils sont les symptômes de l'insatiable boulimie de la sphère financière et de la logique que ce secteur impose à celui de l'économie. Cette pathologie est humainement préjudiciable, car contraire aux principes de base inculqués à la plupart des individus, dès leur enfance, et ceci quelles que soient leur origine, leur culture ou leur éventuelle religion, et qui fondent leur éducation. Elle l'est aussi économiquement. Notre société est l'otage de puissants lobbies, qui tentent, non sans succès, de persuader les citoyens que l'économie ne saurait fonctionner efficacement sans ce système injustifiable qui voit les PDG de certaines sociétés, en particulier financières, percevoir des rémunérations astronomiques de l'ordre de 10, 20 ou 30 millions d'euros par an. Ces montants sont d'autant plus scandaleux, que pour les institutions financières les plus grandes, ils sont en partie financés par le contribuable, comme cela sera précisé dans le prochain chapitre. Des rémunérations bien plus faibles, de l'ordre d'un million d'euros par an, paraîtraient plus raisonnables. Tout en demeurant très élevées pour le commun des mortels, elles seraient acceptables et correspondraient aux écarts de rémunération observés après la Seconde Guerre mondiale et jusqu'aux années 1970, période durant laquelle l'économie mondiale était plus stable et le taux de chômage bien plus faible. C'est de dirigeants conscients de leurs responsabilités non seulement vis-à-vis de leurs actionnaires, mais aussi vis-à-vis de leurs salariés, clients et de la société en général, dont l'économie a besoin. Le fait d'aller continuellement au plus offrant et de passer ainsi d'un pays ou d'un continent à l'autre dès lors qu'une meilleure occasion se présente correspond plus au modèle d'une star de football, pour qui l'histoire, la culture et la langue d'un pays semble ne présenter qu'un intérêt marginal.

Le principe énoncé par Ludwig von Mises – « le libéralisme a toujours eu en vue le bien-être général, et non celui d'un groupe particulier »[51] –, n'est manifestement pas respecté.

[51] Voir note 42.

Un niveau d'endettement colossal

Poursuivons avec une seconde citation de von Mises :

> « Une politique antilibérale est une politique d'érosion du capital. Elle privilégie le présent au détriment de l'avenir. »[52]

Le niveau d'endettement d'une société permet de savoir dans quelle mesure sa politique privilégie le présent au détriment de l'avenir. Tout comme au sein d'une famille, la présence de dettes élevées lèse les générations futures qui tôt ou tard devront s'acquitter de la facture.

L'endettement total des États-Unis (particuliers, entreprises, État et secteur financier) atteignait déjà en 2012 340% de son PIB. On observe de mêmes statistiques voire pires dans les autres pays développés. Les banques *too big to fail* sont particulièrement endettées.

La mise en œuvre de la doctrine néo-libérale est en très grande partie responsable de ce niveau d'endettement colossal. Il suffit de citer Milton Friedman pour s'en convaincre : « En se concentrant sur le mauvais objectif, le déficit, plutôt que sur le bon, les dépenses de l'État, les tenants d'une politique fiscale conservatrice ont été les serviteurs inconscients des politiques dépensières »[53]. C'est-à-dire que l'objectif principal ne devrait pas être de diminuer les déficits mais plutôt les impôts. La logique néo-libérale voudrait qu'une telle diminution

52 Voir note 43.

53 FRIEDMAN Milton, « The Limitations of Tax Limitation. » *Policy Review*, 1978, p. 11 : "By concentrating on the wrong thing, the deficit, instead of the right thing, total government spending, fiscal conservatives have been the unwitting handmaidens of the big spenders."

incite l'État à moins dépenser, à limiter ses interventions, ce qui devrait avoir pour conséquence la réduction de ses déficits. Plus de trente années de politiques néo-libérales nous permettent d'observer que les baisses d'impôts accordées aux foyers les plus aisés et aux grandes entreprises n'ont pas eu l'effet escompté. Tout au contraire, les déficits ont explosé.

Dans le contexte de l'actuelle économie financiarisée, la dette est devenue un facteur déterminant de la croissance économique, ce qui a pour conséquence de fragiliser cette dernière. Ainsi entre 2001 et 2005, l'accroissement annuel moyen du montant total de la dette publique et privée a été substantiel aux États-Unis et en Angleterre : 6,5% et 8,3% respectivement, ce qui a eu pour effet de stimuler la croissance économique, qui a été en moyenne annuelle de 2,4% et 3% respectivement dans ces deux pays.

Durant cette période, la croissance a été nettement plus faible dans un pays comme l'Allemagne, soit 0,6%, alors que les dettes n'y avaient augmenté que de 2,3%. La France se situe à un niveau intermédiaire, avec une croissance de 1,6% et une augmentation annuelle de son endettement de 5,1%.

L'éclatement de la crise financière a mis en lumière le caractère superficiel de cette croissance. L'importance prise par la dette et les paris spéculatifs à court terme qui lui sont associés, en lieu et place de l'épargne et des investissements à long terme, sont les caractéristiques de la montée en puissance d'une économie casino et de ses dangers.

Ces caractéristiques et en particulier les niveaux d'endettement public ou privé ne sont pas compatibles avec un rapport équilibré et durable entre présent et avenir. En fait, et de manière incontestable, la politique actuelle « privilégie le présent au détriment de l'avenir ».

Quant à l'*interventionnisme* de l'État, critiqué par Friedrich Hayek, une conclusion s'impose, il est actuellement à l'œuvre, non pas dans le sens analysé par cet auteur, mais essentiellement en termes de renflouement d'institutions financières *too big to fail* ou *too connected to fail*. Cette politique a englouti des montants financiers considérables, elle est contraire à la logique du libéralisme. Elle favorise des stratégies qui consistent à atteindre une taille critique de manière à bénéficier de cette protection publique.

Finalement, la *main invisible* d'Adam Smith est, dans la sphère financière, toujours plus inopérante. Tenter de satisfaire ses propres intérêts est de moins en moins compatible avec ceux de la société. Émettre des produits financiers dits structurés, c'est-à-dire le plus souvent complexes et toxiques, nuit à l'économie et donc au bien-être général.

Les grandes banques actives dans ce domaine se comportent en pompiers pyromanes. En effet, la diffusion de ces produits, supposés permettre de réduire les risques pour le client, au contraire en génèrent. De tels paris financiers proposés par les grandes banques ne peuvent se faire qu'au détriment de leurs clients. Il ne saurait y avoir de paris satisfaisant les deux parties, car, logiquement, l'un va gagner et l'autre perdre. Au vu des montants dépensés par les grandes banques pour en faire la publicité, le lecteur devinera facilement à qui en général ils profitent. Pour illustrer ces problèmes, deux exemples de produits structurés sont présentés dans le chapitre suivant.

On le comprend, le secteur financier est en contradiction avec les principes qu'il est censé respecter et promouvoir. Sur la base de quelques cas concrets, certaines des caractéristiques saillantes de la finance casino vont maintenant être mises en lumière.

Chapitre 4

LES CARACTÉRISTIQUES DE LA FINANCE CASINO

L'économiste John Maynard Keynes déclara en 1936 que « lorsque dans un pays, le développement du capital devient le sous-produit de l'activité d'un casino, celui-ci risque de s'accomplir dans des conditions défectueuses »[54]. La situation actuelle est encore pire, puisque les véritables acteurs de cette finance débridée – grandes banques et fonds spéculatifs – non seulement jouent au casino, mais le font le plus souvent avec de l'argent qui n'est pas le leur : celui du contribuable, du retraité, du client… sans oublier celui de l'actionnaire !

On l'a vu de nombreuses caractéristiques du secteur financier contredisent les principes de base du libéralisme et d'une économie de marché. Le fonctionnement de ces marchés et de certains de leurs acteurs principaux, leurs pratiques et les produits financiers qu'ils émettent sont problématiques. Ils constituent le sujet de ce chapitre.

[54] John Maynard Keynes, *Théorie générale de l'emploi, de l'intérêt et de la monnaie*, Editions Payot, 1982, p. 171.

La Bourse à la vitesse de la lumière et le poker menteur

Actuellement aux États-Unis, selon diverses sources, la durée moyenne de détention d'une action serait pour un investisseur de l'ordre de la minute, alors qu'en 1940, elle était encore d'environ cinq ans. Cet ordre de grandeur, ridiculement faible, s'explique principalement par l'automatisation des transactions boursières qui permet à de puissantes banques d'effectuer leurs transactions financières en un temps réduit de l'ordre de la milliseconde ou de quelques millionième de seconde, et ce à l'aide d'ordinateurs ultra-puissants. Or la fonction principale de la bourse est de permettre une allocation optimale des capitaux et des risques : cette tâche n'est visiblement pas accomplie. La bourse est censée permettre aux entreprises de se financer. C'est de moins en moins le cas. En France par exemple, les entreprises se finançaient en 2011 à hauteur de 5,4% de leurs besoins en bourse. En 2001, le pourcentage était encore de 27%[55].

Selon Thomas Peterffy, fondateur de la société Interactive Brokers, « la bourse est devenue un casino géant. Sauf que le fonctionnement d'un casino est plus transparent et plus facile à comprendre. »[56] Le développement des transactions à haute fréquence accentue cette tendance. Environ 70% des transactions boursières aux USA et quelque 50% en Europe seraient ainsi réalisées à des vitesses toujours plus proches de celle de la lumière. Cette puissance informatique permet aux banques

55 Source : Dealogic.com

56 Lancé à l'ouverture du rendez-vous annuel des opérateurs de marché, le World Federation of Exchange (WFE) à Paris, lundi 11 octobre 2010, repris dans un article de Claire Gatinois dans *Le Monde* le même jour. « La Bourse est devenue un casino géant, selon les professionnels de la finance », (www.lemonde.fr, consulté le 20 janvier 2014).

pouvant se l'offrir et aux sociétés de trading à haute fréquence, d'annuler (comme c'est le plus souvent le cas) dans la microseconde les ordres qu'elles viennent de passer à la même vitesse. L'objectif étant d'induire en erreur les concurrents ayant eux aussi automatisé leurs transactions financières. La transmission de fausses informations, avant de les annuler et d'essayer d'en tirer profit, peut se révéler lucratif pour l'institution financière concernée, mais de telles pratiques relèvent plus du poker menteur que de l'investissement responsable. Les investisseurs classiques, qui n'ont pas les moyens d'utiliser des ordinateurs ultra-puissants pour passer leurs ordres, en sont pour leurs frais. En compétition avec des acteurs bien plus rapides qu'eux, ils ne peuvent qu'y perdre la plupart du temps. Ils s'acquittent d'une sorte d'impôt caché au bénéfice des sociétés de trading à haute fréquence. Ces dernières sont en position de leur imposer un prix d'achat d'actions supérieur à celui auquel ils pensaient pouvoir les acheter[57]. Ces sociétés perçoivent la différence entre ces deux prix et réalisent ainsi un gain. Elles sont une composante de l'aristocratie financière. Elles encaissent de la sorte un droit de passage, non pas sur les routes ou les ponts comme alors au Moyen Âge, mais sur les marchés financiers. Les spécialistes financiers et informatiques qu'elles recrutent se comportent en mercenaires, de la guerre financière. Ils se doivent d'être les meilleurs dans cette course éperdue contre le temps qui en dernière instance ne mène nulle part. Leur objectif est la microseconde gagnée sur leurs concurrents. Ils veulent toujours être les plus rapides, sans se poser la question de savoir où ils vont. Les sociétés de trading à haute fréquence ou les grandes banques leur font des ponts d'or. Quelle est

[57] Voir à ce sujet le livre : *Flash Boys : A Wall Street Revolt* de Michael Lewis, publié par W. W. Norton & Company en mars 2014.

précisément la valeur de ces « mercenaires » aux yeux de leurs employeurs ? Le parallèle avec la Première Guerre mondiale est utile. Dans ce cadre, l'historien Niall Ferguson[58] s'est intéressé à la question de la valeur d'un soldat. Il la considère comme le coût que représente son élimination par l'armée ennemie. Il explique ainsi que les puissances centrales étaient plus efficaces au combat que les alliés. En moyenne, il en coûtait à ces puissances 11 345 $ pour tuer un soldat allié, alors qu'il en coûtait aux alliés 36 485 $ pour éliminer un soldat allemand. Ce dernier avait donc plus de « valeur » que le soldat anglais ou français. De même aujourd'hui, la valeur d'un « mercenaire » de la guerre financière qui travaille pour une société de trading à haute fréquence serait le coût important qu'aurait à supporter une société concurrente pour pouvoir le « battre » d'une microseconde, c'est-à-dire pour pouvoir traiter les ordres financiers une microseconde avant lui. Ainsi, aux yeux de leurs employeurs, ces « mercenaires » ont une grande valeur. Pour l'économie en général, ils représentent un coût de par cet impôt caché ainsi mis en place.

Pour les bourses il est particulièrement fructueux de permettre à leurs clients particuliers, que sont les sociétés de trading à haute fréquence, de recourir à de telles technologies et de ponctionner ainsi les investisseurs classiques. En effet, le total des commissions qu'elles perçoivent est lié au nombre de transactions. Lorsque celles-ci sont effectuées à haute fréquence, les profits perçus par les bourses sont donc démultipliés.

Enfin, la microseconde est sans commune mesure avec l'unité temporelle des investissements d'entreprises, qui requièrent eux des semaines, des mois, voire des années. L'instant ressort plutôt des paris électroniques d'une finance casino

58 *The Pity of War*, Allen Lane/Penguin Press, 1998.

qui contredit la logique de l'entreprise et dans laquelle la notion d'investissement a tendance à s'effacer face à celle des mises du poker menteur et du profit immédiat.

Les transactions de gré à gré

La majorité des transactions financières ne sont pas réalisées sur des bourses, elles sont traitées de *gré à gré*[59]. S'agit-il de transactions de marché ? Dans le sens d'une économie de marché, non. Il s'agit de contrats entre deux acteurs financiers, dont les modalités ne sont connues que d'eux-mêmes. L'opacité en résulte.

Pour être opérationnelle, la main invisible d'Adam Smith requiert obligatoirement des marchés, sur lesquels offre et demande se croisent pour fixer prix et volume d'équilibre, et ceci de manière transparente. Ce n'est pas le cas avec les transactions de gré à gré, qui, de fait, ne permettent pas de construire une offre et une demande agrégées.

Quant aux produits dérivés, qui sont souvent traités de gré-à-gré, le problème est plus profond. Leurs prix résultent principalement de formules ou d'algorithmes complexes et n'ont dès lors qu'un lointain rapport avec l'offre et la demande. Avec le développement des transactions gré à gré sur les produits dérivés, le risque est toujours moins prévisible, moins mesurable. Il devient opaque et diffus, ce qui n'est pas sans conséquence pour l'économie et la société.

Nous sommes ainsi confrontés au paradoxe d'une économie qui prône l'esprit d'entreprise et la prise de risque qui lui est

[59] Les **transactions de gré à gré** (en anglais OTC pour «*Over The Counter*»), ne sont pas effectuées sur des bourses ou marchés financiers organisés, mais sont directement traitées entre l'acheteur et le vendeur.

associée, et qui parallèlement n'a jamais émis autant de produits dérivés dits « produits de couverture ». Ces produits sont diffusés à une telle ampleur qu'ils génèrent un risque systémique pour l'économie. Les devises elles aussi sont essentiellement traitées de gré à gré. Il s'agit du marché financier le plus important du monde, avec des volumes journaliers moyens d'environ 5000 milliards de dollars.

Les paris de la finance casino

Les produits dérivés, le plus souvent présentés comme des instruments de couverture, ont en réalité pour fonction principale de permettre des paris à grande échelle dans le cadre de cette finance casino. Les exemples sont légions. Nous en présenterons deux.

Le premier concerne les Credit Default Swaps (CDS). Il s'agit d'un produit dérivé permettant à son détenteur de s'assurer contre le risque de défaut de paiement d'une entité de référence. Pratiquement, cela signifie qu'une banque, ayant prêté un certain montant à une entreprise et craignant que le remboursement de la dette ne soit pas effectué, peut en achetant des CDS se couvrir contre une telle éventualité. En cas de défaut de paiement de l'entreprise, la banque active ses CDS, c'est-à-dire qu'elle contacte l'institution financière auprès de laquelle elle les a achetés pour que celle-ci la dédommage de ses pertes. Si la réalité correspondait pleinement à ce type de processus, les CDS seraient effectivement utiles à l'économie en tant que produits d'assurance. Cependant, dans les formulaires explicatifs qui accompagnent ces produits, une remarque technique apparaît souvent : elle indique qu'il n'est pas nécessaire d'être exposé au risque sur l'entité de référence pour acheter des contrats de CDS. Pratiquement, cela veut dire qu'une banque peut acheter des CDS relatifs à une entreprise, bien qu'elle n'ait pas prêté d'argent à celle-ci. Pourquoi donc une banque aurait-elle besoin de se couvrir contre un risque auquel elle n'est pas exposée? La réponse est simple. Dans ce cas, il ne s'agit plus d'une assurance, mais d'un pari, d'un pari sur le défaut ou la faillite de l'entreprise concernée. Dans la vie courante, cela est interdit. Nul ne peut souscrire une assurance automobile, sans posséder de voiture. Cela n'aurait d'ailleurs aucun sens! Il n'est pas autorisé d'acheter une ou dix, voire cent assurances automobiles sur la voiture de son voisin, dans l'espoir qu'il ait un accident ou parce que l'on a le projet de saboter sa voiture! Non seulement cela serait immoral, mais complètement insensé sous l'angle économique, et c'est pour cela que de telles pratiques sont interdites dans le cas des voitures. Elles sont cependant autorisées dans la sphère financière, avec les CDS.

Le second exemple considère les contrats d'assurance vie qui se transforment en paris sur la mort…[60] Le mythe veut que le Docteur Faust, en vendant son âme au diable, eut accès à la jeunesse éternelle. Que doit-on penser de ceux qui envisagent de s'enrichir en pariant sur la mort de leurs congénères? À qui ont-ils vendu leur âme? Ces questions ne sont pas purement théoriques puisqu'il est aujourd'hui possible, grâce à un nouvel avatar de l'innovation financière, d'investir dans des contrats d'assurance vie dont souhaitent se débarrasser leurs détenteurs. En effet, la revente de son propre contrat d'assurance décès est autorisée aux États-Unis (il s'agit de contrat de « Life Insurance » dans ce pays), soit à la compagnie d'assurances qui l'a initialement émis, ce qui est encore logique, soit à une

60 Voir : « Les contrats d'assurance vie qui se transforment en paris sur la mort », Marc Chesney, Christine Hirszowicz, Brigitte Maranghino-Singer, in *Der Schweizer Treuhänder*, vol. 10, 2010.

banque. Dans ce dernier cas, qui sont les détenteurs d'assurances vie susceptibles d'être intéressés par une telle revente? Les personnes d'un certain âge sont particulièrement concernées: leurs enfants devenus adultes, une telle assurance n'est plus vraiment nécessaire et elles sont susceptibles de préférer recevoir une somme qui leur serait utile à d'autres fins. Parfois en situation de détresse financière à cause de la crise ou non, une telle possibilité peut aussi leur permettre de rembourser d'éventuelles dettes ou d'être soignées décemment.

Quelles sont les institutions financières actives dans ce domaine? Ce sont certaines banques d'affaires supposées être *too big to fail* qui rachètent ces contrats, les regroupent en les diversifiant puis les titrisent, c'est-à-dire les transforment en titres financiers négociables sur les marchés. Elles les proposent par la suite à des investisseurs. Diversifier les risques signifie par exemple associer des assurances décès d'individus atteints d'un cancer avec celles de personnes malades du sida. Comme le lecteur l'aura compris, le risque qu'il s'agit de diversifier est celui d'une mort trop tardive. En effet, si les assurés avaient l'indécence de prolonger leur existence au-delà du raisonnable, les investisseurs ne percevraient le montant prévu dans le contrat qu'à échéance trop lointaine.

Le remboursement que va offrir la banque est fonction des facteurs suivants: l'âge actuel de l'assuré, son état de santé et sa situation économique. C'est-à-dire que plus l'individu est âgé, en mauvaise santé et en situation économique délicate, plus il constitue une cible intéressante pour une banque concernée! La variable la plus importante dans ce calcul est donc le facteur de mortalité: plus la mort intervient rapidement, plus l'investisseur profite de cette affaire.

Ces deux exemples mettent en lumière les dangers que représentent les paris de la finance casino. Des produits financiers qui permettent de miser sur la vie d'êtres humains fragilisés ou sur les faillites d'entreprises ou de pays, comme les Credit Default Swaps, sont *toxiques*, tant sous l'angle humain, que sous celui économique.

Les produits structurés trompeurs

Les *produits structurés*[61], qui résultent le plus souvent de l'assemblage de produits dérivés, constituent aussi des paris de la finance casino. Pour les grandes banques, leur vente est particulièrement lucrative. Pour les clients s'étant portés acquéreurs de ce type de produits, des problèmes sont susceptibles d'apparaître. Les deux exemples suivants vont l'illustrer.

BRC (Barrier Reverse Convertible)[62]

Les gains ou les pertes de ce produit sont déterminés par les cours de certaines actions, souvent au nombre de trois. Si aucun de ceux-ci ne passe en dessous d'un certain niveau pendant un an, le détenteur de ce produit récupère son capital initial, par exemple 100 000 francs suisses, ainsi qu'un coupon élevé, de l'ordre de 8% de l'investissement initial, c'est-à-dire, 8000 francs suisses. Si l'un des cours chute et atteint un certain niveau, alors le détenteur va toujours percevoir les 8000 francs, mais ne va recevoir qu'une fraction du capital investi, par exemple 80 000 ou 60 000 francs suisses.

61 Les **produits structurés** résultent le plus souvent de la combinaison de plusieurs produits dérivés. Ils sont par nature complexes et difficilement compréhensibles pour le client d'une banque.

62 Voir par exemple la publicité de Credit Suisse dans le journal *Neue Zürcher Zeitung* du 04.03.2013.

En résumé, il s'agit d'un produit complexe et risqué, puisqu'il est fort probable qu'au moins l'un des trois cours baisse, dont le détenteur ne profitera pas de leur éventuelle hausse. Seul le niveau élevé du coupon, 8% dans cet exemple, vient le dédommager partiellement. Ce produit rappelle les *junk bonds*, ou « obligations pourries » des années 1970 avec une différence de taille : sa note. En effet, contrairement à ces dernières, ce produit obtient des agences de notation une bonne note, le plus souvent A+ ou AA, qui induit en erreur le client. En octobre 2013, des clients de la banque Raiffeisen (en Suisse) ont subi des pertes importantes, avec un produit financier possédant des similarités avec un BRC. Ces coûts ont été engendrés par le décrochage d'une des actions (Zurich Insurance Group) composant le panier. Cette chute s'est produite en fin de journée du dernier jour de la période considérée, et la valeur de l'action a précisément atteint le seuil critique. Les clients qui se portent acquéreur de tels produits structurés s'exposent ainsi à un risque de manipulation des cours inhérent à ce type de produit.

Doublo, un produit proposé par les Caisses d'Épargne en France

Il s'agit cette fois d'un panier d'une douzaine d'actions. Si en l'espace de six ans, aucun des 12 cours ne chute – ce qui est peu réaliste –, alors le capital double. Sinon, il suffit que l'un d'entre eux baisse suffisamment durant cette période, ce qui est fort probable, pour que le client ne récupère que son investissement initial à échéance du contrat. Le capital semble donc sécurisé et c'est pour cette raison que ce produit est appelé « à capital garanti » et qu'il est très peu régulé. En réalité, les 267 000 épargnants qui ont acheté ce produit ont ainsi été lésés[63]. Aucun n'a vu son capital doublé et au vu des frais de gestion imposés par la banque, ils ont enregistré après six ans des pertes comprises entre 2 et 6% de leur investissement : c'est-à-dire qu'ils n'ont reçu que 94 000 ou 98 000 euros pour un investissement initial de 100 000 euros. Ainsi, c'est une perte garantie pour le client. En dépit de cela, les Caisses d'Épargne qui ont vendu ce produit dans un format assurance-vie en 6 vagues, entre 2001 et 2002, ont réussi à collecter un investissement d'environ 2,1 milliard d'euros. Les Français qui l'ont acheté en ont été pour leurs frais.

Ces deux exemples montrent comment le client peut être induit en erreur. Celui-ci est amené à penser que plus le nombre d'actions est élevé, plus le produit est diversifié et donc sécurisé. Or c'est précisément le contraire qui se produit. Plus le nombre d'actions est élevé, plus il est probable que l'une d'entre elles chute. Celle ayant la dynamique des prix la plus mauvaise a un impact déterminant sur le profil de gains ou de pertes de ce produit financier. Les produits structurés, dont les encours au niveau européen s'élevaient en 2011 à approximativement à 700 milliards d'euros, représentent un véritable danger pour les particuliers, les caisses de retraites, les collectivités locales… Paradoxalement, les gouvernements laissent faire.

Le secteur bancaire qui ne joue plus son rôle

Le secteur bancaire n'exerce pas vraiment ses fonctions de moteur de l'économie. En France et en Allemagne, le montant que les banques utilisent pour les crédits aux entreprises

[63] Voir le lien du collectif de lutte contre les abus bancaires (CLAB) : http://doublo.monde.free.fr/

(non financières) et aux particuliers ne correspond qu'à un faible pourcentage de leur bilan : 22% (12% pour les entreprises et 10% pour les particuliers) en France et 28% (18% et 10% respectivement) en Allemagne en 2012. En Angleterre cette proportion est encore plus faible : 20% (5% et 15% respectivement)[64].

Dans la zone euro, de novembre 2012 à novembre 2013, les prêts qu'octroyaient les banques aux entreprises non financières ont encore baissé, en l'occurrence de 3,9%. Les entreprises éprouvent ainsi des difficultés à faire financer leurs investissements par les banques et ce en dépit d'une politique de taux d'intérêt très faibles pratiquée par la Banque Centrale Européenne (BCE), dans l'espoir de relancer la machine économique. La faiblesse des taux est illustrée par les données suivantes. En juin 2014 le principal taux directeur[65] était de 0,15% et, en ce qui concerne le taux de dépôt qui a trait aux placements effectués par les banques commerciales sur leur compte à la BCE, un niveau négatif s'affichait : –0,1%. En septembre 2014 le taux directeur est passé à 0,05% et le taux de dépôt à –0,2%. À moins d'imposer un taux directeur négatif, la marge de manœuvre de la Banque Centrale Européenne est maintenant très réduite. Pour les entreprises, ces difficultés de financement sont inquiétantes dans le sens où elles limitent la création de nouvelles activités économiques ou le développement de nouvelles technologies, et qu'elles empêchent toute véritable baisse du chômage de masse.

64 LIIKANEN Erki, *et al.*, *High-level Expert Group on reforming the structure of the EU banking sector*, Brussels, 2012.

65 Le taux de refinancement est le **principal taux directeur** d'une Banque Centrale. Il correspond au taux d'intérêt des crédits obtenus par les banques commerciales auprès de la Banque Centrale.

Le secteur bancaire est dominé par ces institutions censées être *too big to fail.* Dans certains cas, le total de leur bilan dépasse les 100% du PIB du pays dans lequel elles ont leur siège, ce qui est tout-à-fait disproportionné. Ces banques sont hypertrophiées. Leurs éventuelles faillites feraient courir aux pays concernés des risques considérables. En effet, dans un tel cas, l'État se doit d'intervenir en faveur de ses institutions.

En 2011, le total du bilan de l'UBS et de Credit Suisse correspondait respectivement à 223% et à 165% du PIB suisse. Dans le cas d'HSBC, le montant du bilan s'élèvait à 106% du PIB anglais. Le total des bilans de toutes les banques françaises et anglaises correspondait à 298% et 380% de leur PIB national respectif.

Ces grandes banques ont en réalité des tailles encore plus disproportionnées lorsque toutes leurs activités, et pas seulement celles qui correspondent à leur bilan, sont prises en compte. Le « hors-bilan »[66] est gigantesque. Il est de l'ordre du multiple du bilan pour les grandes banques internationales, mais il est cependant difficile à estimer précisément, car le plus souvent peu détaillé par ces banques; lorsqu'il l'est, la présentation est particulièrement opaque et complexe, ce qui complique d'autant la lisibilité. L'ensemble des activités hors-bilan du Credit Suisse et de l'UBS considérées conjointement représentaient en 2012 environ 70 fois le PIB Suisse[67]. Qui peut encore penser que la situation est sous contrôle?

[66] Les **engagements hors bilan** d'une banque correspondent en principe à ceux qui, en cours d'exécution, n'ont pas encore généré l'ensemble des flux financiers correspondant. Il s'agit en particulier de la plupart des activités sur les produits dérivés. La définition précise de ces engagements dépend du cadre juridique et réglementaire considéré.

[67] La somme des activités bilan et hors-bilan de Credit Suisse et de l'UBS correspondaient en 2012 à environ 75 fois le PIB suisse.

De plus, l'obligation faite au contribuable de renflouer une banque en situation de faillite, dès que cette institution a atteint une certaine taille ou une certaine densité de connexions, contredit les principes de base du libéralisme. Car selon ceux-ci, toutes les institutions devraient assumer leurs décisions stratégiques et aucune à priori ne devrait être assurée de pouvoir échapper à une éventuelle faillite.

Par ailleurs, de par la garantie publique qui leur est allouée, ces institutions dites « too big to fail », empruntent à des taux inférieurs à ceux auxquels elles seraient censées se financer dans une économie de marché. Elles bénéficient ainsi de subventions qui se chiffrent en milliards d'euros et qui, selon une étude[68], seraient en Europe de l'ordre de 1% du PIB en 2011, c'est-à-dire d'environ 26 milliards d'euros pour les grandes banques en France, de 34 milliards d'euros en Allemagne et de 6 milliards de francs en Suisse. Selon le FMI[69], ces subventions pour les grandes banques seraient encore plus importantes encore. Pour la période 2011-2012, elles représentaient aux États-Unis, comme en Suisse, environ 50 milliards de dollars, soit en moyenne 25 milliards de dollars par an. Pour ce dernier pays, ce montant est à comparer d'une part à la contribution du secteur financier au Produit Intérieur Brut, qui était évaluée à 36 milliards de francs pour l'année 2013, et d'autre part, aux subventions bien plus faibles, de l'ordre de 3,5 milliards de francs suisses par an durant cette période, allouées à l'agriculture. Au Japon et en Angleterre, la rente dont bénéficient les grandes banques serait d'environ 110 milliards de dollars

---

68 BIJSLA M., MOCKING R., *The private value of too-big-to-fail guarantees*, CPB Netherlands Bureau for Economic and Policy Analysis, 2012.

69 INTERNATIONAL MONETARY FUND, *Global Financial Stability Report, Moving from Liquidity- to Growth-Driven Markets*, Avril 2014, Washington DC, p. 114.

et dans l'Union européenne, elle atteindrait 300 milliards de dollars.

Ces institutions sont donc incitées à entreprendre des activités susceptibles d'être trop risquées et auxquelles elles auraient dû renoncer, si elles avaient à se financer à un taux de marché.

Les grandes banques en plus de leur statut *too big to fail* disposent au moins de deux autres avantages. La possibilité premièrement, déjà mentionnée ci-dessus, d'utiliser leur hors-bilan pour les activités particulièrement risquées, et deuxièmement celle de créer une « *bad-bank*»[70] si les risques se matérialisent. Quel autre secteur d'activité possède autant d'avantages ? Ni l'artisanat, ni l'agriculture, ni l'industrie ! Imagine-t-on un boulanger, un restaurateur, une entreprise horlogère ou informatique avoir la possibilité, d'une part de ne pas utiliser son bilan pour des activités potentiellement risquées ou douteuses et d'autre part de créer respectivement une « bad-boulangerie », un « bad-restaurant », une « bad-entreprise » horlogère ou informatique, pour éviter, aux frais du contribuable, une éventuelle insolvabilité ? Non, pas un instant ! Et combien de grandes banques seraient déjà en faillite sans ces multiples privilèges ?

La possibilité de déduire des impôts leurs futures pénalités, ne serait-ce que partiellement, représenterait un cadeau supplémentaire fait aux grandes banques. L'avenir dira si, par exemple, Credit Suisse en bénéficiera dans le cas de l'amende de 2,8 milliards de francs qui lui a été infligée en 2014 par un

70 Une banque dite « **Bad Bank** » pudiquement appelée « structure de défaisance », est en réalité une « banque poubelle », dont la tâche consiste à prendre en charge puis à liquider les actifs douteux de la banque qui l'a créée. Si celle-ci est par malheur too big to fail, le contribuable se chargera le plus souvent de l'évacuation des déchets, puisqu'il la renflouera en dernière instance.

tribunal américain. De telles déductions représenteraient un manque à gagner important pour l'État et le fisc en particulier. Une déduction fiscale à hauteur de 1,7 milliard d'euros aurait d'ores et déjà été accordée à la *Société Générale*, en 2008, à la suite de l'affaire Kerviel (chap. 1).

Ces privilèges ne peuvent que concourir à la montée en puissance du secteur financier au sein de l'économie. Une étude de l'*ETH* (2011) montre que 147 entreprises contrôlaient environ 40% de l'économie mondiale en 2007. Quelque 98% des 50 premières entreprises appartiennent au secteur financier. Une majorité d'entre elles, *too big to fail*, ont bénéficié d'un soutien financier étatique[71].

Le leurre des stress tests[72]

Les *stress-tests* sont censés vérifier la solidité du secteur bancaire. Ils reposent généralement sur deux types de scénarios : un standard et un critique. Or ces tests ne fonctionnent manifestement pas, puisqu'avant la crise, ils n'ont généré aucun avertissement sérieux. Un exemple remarquable est celui de l'Islande où de tels tests furent menés en août 2008, dans les quatre principales banques du pays. Leurs conclusions furent très rassurantes. Comme le mentionna Jonas Jonsson, directeur géné-

71 VITALI Stefania, GLATTFELDER James B., BATTISTON Stefano, *The Network of Global Corporate Control, ETH Tagesanzeiger*, en ligne, 2011, www.eth.tages-anzeiger.ch, http://arxiv.org/pdf/1107.5728.pdf, consulté le 30 janvier 2014.

72 Cette section « Stresstests » se base sur un extrait de mon chapitre « Die Umwandlung des Kapitalismus und seine Finanzdurchdringung » dans SEELE Peter und PFLEIDERER Georg, *Kapitalismus – eine Religion in der Krise I. Grundprobleme von Risiko, Vertrauen, Schuld*, Pano Verlag und Nomos Verlag, Zürich und Baden-Baden, 2013.

ral de la *Financial Supervisory Authority* d'Islande, « les résultats des stress-tests indiquent que les ratios financiers des banques sont solides et que celles-ci peuvent résister à des chocs financiers considérables ». On connaît la suite... Environ deux mois plus tard, les trois banques les plus importantes, au bord de la faillite, furent nationalisées.

Il en fut de même en Irlande où les trois banques les plus importantes (Allied Irish Bank, Anglo Irish Bank et National Irish Bank) furent soumises à des tests de résistance, qu'elles passèrent avec succès. Les rassurants résultats divulgués en juillet 2010 laissaient donc entrevoir une situation financière saine. En réalité il n'en était rien. En novembre de la même année, ces trois banques virent fuir leurs déposants et se trouvèrent, en particulier l'Allied Irish Bank, dans une situation critique de faillite virtuelle. La mise en place d'un plan de sauvetage concocté par l'Union européenne la Banque centrale européenne et le FMI permis d'éviter que cette faillite ne se concrétise.

Au printemps 2009 des stress tests furent menés aux États-Unis. Ils furent là aussi entachés d'un biais puisque leurs hypothèses furent élaborées de manière à ce que dans le scénario dit défavorable, ils ne génèrent pas de résultats catastrophiques. Dans le cas contraire, soit si les résultats indiquaient que le système financier risquait de s'effondrer, l'effet aurait pu être dévastateur, en ne faisant qu'accélérer les choses. Il aurait risqué de s'effondrer encore plus vite. Les hypothèses des modèles utilisés pour ces stress-tests doivent donc être telles que les résultats, tout en mettant en lumière d'éventuelles faiblesses du système, soient globalement porteurs d'espoir dans la mesure où ces problèmes doivent sembler solubles. Les hypothèses contribuent à forger la réalité. Que leurs conclusions confirment les fragiles espoirs de reprise et celle-ci se verra soutenue, ne serait-ce qu'à court terme ; qu'elles viennent les infirmer et la crise risquera de s'approfondir.

Selon un document émanant du Board of Governors of the Federal Reserve System[73], le scénario défavorable doit « refléter des conditions graves mais aussi plausibles ». Ce qui signifie que, selon cette institution coresponsable de la mise en œuvre des stress-tests, un scénario catastrophique n'est par construction pas plausible ! Comment peut-on mener sérieusement des tests de résistance du système financier lorsque la possibilité de chocs graves est exclue ?

En ce qui concerne l'évaluation des actifs de bilan des 19 banques concernées par les tests, les produits financiers toxiques, très présents dans les actifs de certaines de ces banques, furent artificiellement survalorisés (sans parler du transfert d'actifs douteux dans des structures hors bilan), afin que des conclusions rassurantes soient obtenues.

Les résultats de ces tests, hautement politiques, correspondirent parfaitement aux hypothèses utilisées et furent mis en ligne avec les messages que l'administration souhaitait envoyer dans le but de restaurer la confiance sur les marchés. Selon Timothy Geithner, alors Secrétaire au Trésor, aucune des 19 plus grandes banques américaines ne présentait un risque d'insolvabilité. Pour Ben Bernanke, Président de la Réserve Fédérale pendant ces tests, ces résultats devaient réconforter les investisseurs et les citoyens américains. Le message implicite était que, en cas de problèmes financiers sérieux pour les banques concernées, l'État c'est-à-dire le contribuable les renflouerait.

De semblables stress-tests furent menés en 2010 en Europe. Leurs résultats furent divulgués en juillet de cette même année. Selon la Banque de France et l'Autorité de contrôle pruden-

---

73 Voir le rapport « The Supervisory Capital Assessment Program : Design and Implementation », 24 avril 2009, page 5.

tiel[74], « le scénario adverse, déjà extrêmement pessimiste, a été aggravé avec des hypothèses très dures d'un choc sur les expositions souveraines détenues dans le portefeuille de négociation des banques et des crédits au secteur privé enregistrés dans le portefeuille bancaire... ». Or, peu de temps après la publication des résultats, ce scénario « adverse, extrêmement pessimiste » et même « aggravé » était déjà en deçà de la réalité pour un certain nombre de pays européens, et ce précisément car il excluait la possibilité de défauts souverains. C'est-à-dire qu'il se refusait à considérer que l'intégration des pertes des banques du secteur privé dans les comptes publics puisse mener des États à l'insolvabilité. Ce qui signifie que les obligations dites souveraines (c'est-à-dire correspondant à un emprunt d'un État européen), détenues par les banques dont la situation a été contrôlée, étaient considérées comme des actifs non menacés par le risque de défaut.

On se demande comment des tests de solidité de la situation financière des banques pouvaient-ils présupposer que même dans le pire des scénarios, la situation financière de pays comme par exemple la Grèce, le Portugal, l'Italie, l'Irlande ou l'Espagne serait sous contrôle! Avec de telles hypothèses, il n'est pas surprenant que les conclusions aient été rassurantes!

En 2011, de nouveaux tests de résistance furent menés en Europe. Malheureusement, leurs hypothèses correspondirent essentiellement à celles de 2010 et exclurent en particulier qu'un pays européen, au hasard la Grèce, puisse faire défaut. En août 2011, peu de temps après l'annonce de résultats rassurants concernant la santé financière des banques, de nouvelles turbulences vinrent ébranler l'Europe et les banques supposées

[74] Communiqué de presse de la Banque de France et de l'Autorité de contrôle prudentiel daté du 23 juillet 2010. Résultats du test de résistance européen : « Les banques françaises parmi les plus solides d'Europe »

être solides… virent leur cours boursier s'effondrer! L'action de la Société Générale perdit 27% pendant les deux premières semaines du mois. Entre le 1er juillet et le 12 septembre 2012, les trois banques françaises les plus importantes, BNP Paribas, Crédit Agricole et Société Générale, perdirent plus de 50% de leur capitalisation boursière.

De même en octobre 2014, la Banque Centrale Européenne présenta les résultats des tests de résistance les plus récents menés en Europe. Il s'agissait d'analyser la situation de 130 banques au 31 décembre 2013. À cette date, selon les résultats, 25 établissements auraient échoué. Entre fin décembre 2013 et fin octobre 2014, douze de ces 25 banques auraient cependant amélioré leur situation financière, en procédant à des recapitalisations. Apparemment, seules treize banques restaient en situation de fragilité et devaient donc accroître leurs fonds propres.

Ainsi 90% des institutions ont finalement passé avec succès les tests! 13 banques, c'est-à-dire 10%, ont échoué. Ce pourcentage est politiquement correct. Deux ou trois pourcent d'échec aurait amené à penser que la procédure était trop laxiste. Inversement, 20% d'échec aurait été perçu comme un signal inquiétant de fragilité du système bancaire. Le contenu de cette liste, lui aussi, est politiquement correct. En effet, les grandes banques allemandes ou françaises n'en font pas partie. Quelle chance que l'énorme amende d'environ 8,8 milliards de dollars dont doit s'acquitter BNP Paribas aux États-Unis concerne une période ultérieure au 31 décembre 2013!

Pour autant, ces tests soi-disant plus stricts que les précédents ont un scénario défavorable toujours optimiste. Le risque de déflation de la zone euro est en effet exclu, comme l'est celui de défaut d'un pays européen. Et dans le pire des cas, le chômage en 2016 ne serait que de 12,2% en France et de 21,6% en Grèce : ce qui est à craindre, c'est que ce scenario corresponde plutôt au cas favorable.

Parmi les banques évaluées, 76 avaient moins de 5% de fonds propres, en pourcentage du total de leurs actifs. Parmi celles-ci, 20 sont allemandes, avec en particulier la Deutsche Bank, 10 sont françaises, avec les fleurons nationaux que sont BNP Paribas, le Crédit Agricole, qui n'a d'agricole que le nom, et la Société Générale, 10 sont espagnoles et 10 aussi italiennes. Une banque ayant moins de 5% de fonds propres à son bilan devient insolvable dès que ses pertes, liées par exemple à des chutes du prix des actifs qu'elle détient ou à des amendes importantes, dépassent ce pourcentage[75]. De telles pertes sont plausibles et entraîneraient le cas échéant une cascade de faillites, vu les liens financiers qui unissent ces banques. Il apparaît ainsi que les résultats de ces tests de résistance ne résistent pas à l'analyse de la situation.

De manière générale, les résultats de ces exercices de solidité financière, se devant d'être rassurants comme on l'a vu et leur publication intervenant souvent peu de temps avant une prochaine tourmente financière, illustrent l'incapacité de la plupart des tests et de leurs modèles à véritablement appréhender le caractère risqué du secteur bancaire. Il s'agit trop souvent de tests de complaisance qui tournent à la farce. Qui peut encore croire que, malgré les énormes financements publics engloutis par le système bancaire, celui-ci soit en voie de stabilisation et que la situation soit sous contrôle ?

---

[75] Voir : « Secteur bancaire : tout va très bien, madame la Marquise », LE MONDE | 28.10.2014 à 11h53 • Mis à jour le 04.11.2014 à 17h52 | Par Jézabel Couppey-Soubeyran (Université Paris-I, Ecole d'économie de Paris).

Les agences de notation et le conflit d'intérêt

Dans une économie de marché avec des marchés financiers efficients et transparents, les agences de notation ne devraient jouer qu'un rôle limité. Les prix des obligations devraient en effet refléter l'ensemble des informations pertinentes. À la limite, toute note serait superflue, puisque le prix de l'obligation correspondrait à la note. La simple existence de ces agences et le rôle qui leur est dévolu témoignent des dysfonctionnements actuels de l'économie de marché.

Historiquement, ces agences ont été créées à la fin du XIXe siècle et au début du XXe pour permettre aux investisseurs de mieux comprendre les risques et les rendements associés aux nouvelles technologies de l'époque, tel le chemin de fer. Aujourd'hui, au lieu de se concentrer sur les nouvelles technologies, comme l'Internet et sur la qualité de ses actions ou de ses obligations, c'est-à-dire sur le risque de défaut associé aux dettes de ce secteur, elles affirment étudier de manière générale la qualité des obligations, émises tant par le secteur public que privé et dans ce dernier cas dans de nombreux secteurs économiques. Cela amène deux commentaires. D'une part, une analyse sérieuse du secteur informatique aurait été particulièrement utile, car elle aurait pu permettre d'éviter la bulle internet de 2001, ou du moins d'en limiter les effets ; au lieu de cela, les agences se sont discréditées avant la crise financière, en octroyant les meilleures notes aux plus douteux des produits financiers associés à des créances. D'autre part, ce rôle dévolu aux agences de notation indique qu'aujourd'hui le processus de transformation de simples créances, détenues par des banques vis-à-vis de leurs clients, en titres financiers vendus à des investisseurs crédules est déterminant, et que sa complexité est plus forte que celle des nouvelles technologies comme l'Internet : ceci met en lumière le centre de gravité de notre actuelle économie. Le secteur financier et les titres qu'il émet sont effectivement bien trop complexes. Les grandes banques, pour la plupart, créent des fonds communs de créances, c'est-à-dire des entités ad hoc, auxquelles elles revendent nombre de leurs créances. En allégeant de la sorte leur bilan, ces grandes banques se délestent d'un risque de crédit qu'elles jugent excessif. Dans le cadre de ces fonds, ces créances sont assemblées et transformées en titres financiers[76] qui sont ensuite vendus aux investisseurs, ce qui permet ainsi aux banques concernées de se délester d'une partie de leurs risques de crédit sur des investisseurs, suffisamment naïfs pour croire qu'une bonne note, octroyée par une agence notation pour ce titre, est synonyme de qualité de l'investissement. Ainsi, en créant tant des fonds communs de créances que de nouveaux actifs financiers, les grandes banques accroissent considérablement la complexité du secteur financier et justifient implicitement l'existence des agences de notation. Une simplification de ce secteur réduirait grandement la raison d'être de telles agences.

Il convient aussi de remarquer que les prévisions des agences de notation soit s'accomplissent d'elles-mêmes, c'est-à-dire que ces agences sont actuellement tellement puissantes que leurs prophéties sont prises au sérieux et deviennent ainsi réalité, soit sont sans véritable effet. Dans un cas comme dans l'autre, cela pose problème. L'exemple suivant illustre le second cas. Le 5 août 2011, l'agence de notation Standard & Poor's abaissa la note des USA de AAA à AA+. Quel en fut l'effet sur le rendement des obligations ? L'annonce de la dégradation de la note n'eut aucun effet durable sur celles d'échéance 10 ans. La baisse du taux de rendement observée avant cette date

[76] Les créances sont ainsi « titrisées », c'est-à-dire qu'elles ont été transformées en titres financiers négociables sur les marchés. Voir dans ce chapitre, le second exemple de paris de la finance casino.

se confirme ultérieurement. Les seuls effets sont de très court terme, quelques heures avant et après l'annonce, et ils sont probablement dus à des délits d'initiés.

Finalement précisons que des grandes banques ainsi que des fonds d'investissement sont actionnaires et clients importants des agences de notation. Ceci crée d'intenses conflits d'intérêts incompatibles tant avec un fonctionnement performant des marchés financiers qu'avec les principes d'une économie libérale. Ces conflits d'intérêts questionnent l'objectivité et le sérieux de ces systèmes de notation et ce d'autant plus que, selon différentes sources, l'établissement d'une note ne requiert en moyenne que deux à trois heures de travail[77].

Les manipulations d'un taux d'intérêt comme le Libor

Le Libor (London Interbank Offered Rate) est la référence internationale des contrats financiers dont le montant total atteint environ 350 000 milliards de dollars[78]. C'est dire s'il est essentiel pour le fonctionnement de la finance internationale. Il est souvent utilisé lorsque des particuliers s'endettent pour acheter appartements ou voitures. Dans une économie de marché, sa détermination devrait provenir d'un mécanisme de marché. Ce n'est pas le cas.

À la place de transactions de marché, ce sont des opinions[79] qui permettent de l'établir. Pour 10 devises, un certain nombre

77 Voir RÜGEMER Werner, *Rating-Agenturen, Einblicke in die Kapitalmacht der Gegenwart*, Bielefeld, Transcript Verlag, 2012.

78 ENRICH David, « Banking Industry Squirms Over European Rate Probe », *Wall Street Journal*, 11.12.2012, p. 14.

79 HOSP Gerald, « Vom Referenzzinssatz zum Skandalwert », *NZZ*, 20.12.2012, p. 27.

de banques (18 dans le cas du dollar-Libor) indiquent chaque jour à 11h (heure de Londres) à quel taux elles sont refinancées par d'autres banques, et ce pour 15 échéances différentes. Le Libor résulte d'une moyenne de ces données, dont sont exclus les niveaux les plus faibles et plus élevés.

En 2007, alors que le crédit interbancaire était devenu quasiment inexistant, le Libor se déterminait en fin de compte plus sur la base de suppositions, d'opinions ou de possibles manipulations.

Ces manipulations s'expliquent de deux manières. Elles permettent d'une part d'optimiser les gains sur les produits dérivés: les flux financiers associés par exemple aux produits dérivés de taux d'intérêt[80] sont souvent liés au Libor. D'autre part, le fait d'afficher un faible taux de financement permet à une banque d'afficher une bonne solvabilité.

Selon le rapport de la Financial Services Authority à Londres, la banque Barclays a effectué entre 2005 et 2009, au moins 257 tentatives de manipulation sur le dollar-Libor, le yen-Libor et l'euribor[81].

En ce qui concerne l'UBS, entre 2005 et 2010, on a dénombré plus de 1000 tentatives de manipulations. Elles ont impliqué plus de 30 personnes dans différents services ou pays. Certains membres de la direction auraient même encouragé de telles opérations[82].

L'UBS a rémunéré des traders externes 15 000 livres par trimestre, pour l'aider à coordonner les manipulations avec d'autres banques. En effet, ces malversations requièrent une

80 Il s'agit de produits dérivés, définis dans la note 27, mais associés à un taux d'intérêt et non pas par exemple à une action.

81 *Ibid.* (note 79).

82 SCHÖCHLI Hansueli, « Hohe Hürden für Strafbehörden im Libor-Fall », *NZZ*, 24.01.2013, p. 9.

certaine coopération[83] : une banque ne pourrait, à elle seule, arriver à ses fins, puisque le Libor résulte d'une moyenne de données fournies par différentes banques. Elles sont effectivement environ douze à avoir été soupçonnées de tentatives de manipulations.

L'UBS a dû payer une amende d'un montant de 1,4 milliard de dollars (trois fois plus que Barclays), et ce vis-à-vis des instances de régulation américaine, anglaise et suisse.

En décembre 2013 cette même banque a échappé à une amende de 2,5 milliards d'euros de la Commission Européenne. Le fait de révéler à cette institution sa fraude ainsi que le rôle essentiel qui fut le sien aurait permis à l'UBS d'obtenir une complète immunité. Frauder, puis le cas échéant dénoncer rapidement (c'est-à-dire avant que d'autres institutions impliquées ne le fassent) ses propres turpitudes ainsi que celles de ses concurrents semblent être une stratégie gagnante pour les grosses banques. Ceci permet de générer des gains importants si la fraude n'est pas repérée et dans le cas contraire, d'éviter les pénalités.

Dans le cadre de ce scandale, l'UBS a cependant dû s'acquitter d'autres factures. Selon la NZZ, elle aurait déjà dépensé environ 100 millions de francs en coûts d'analyse interne et de contrôle de millions de données. Ces tâches ont entre autres requis l'implication d'environ 410 avocats.[84]

Depuis le début du scandale, sept banques en tout ont dû s'acquitter d'amendes, et ce pour un total de 3 milliards d'euros. Pourtant la facture globale comme les peines judiciaires demeurent bien limitées. Les autorités compétentes ont probablement voulu limiter l'ampleur du scandale de peur d'ac-

83 BRÄUER Sebastian und HUG Daniel, « UBS in Konflikt mit Aktionären », *NZZ am Sonntag*, 23.12.2012.

84 *Ibid.*

croître ce qu'elles ont probablement perçu comme un risque systémique. Le *too big to fail* s'est ainsi accompagné d'un « *too big to jail* », c'est-à-dire d'une impossibilité de condamner à des peines de prison les directions bancaires impliquées dans ces pratiques douteuses.

Les manipulations du cours des devises

Comme le Libor, le marché des devises a été manipulé. Il aurait d'ailleurs été surprenant qu'il n'en soit pas ainsi ! Ces malversations ont été effectuées entre 2008 et 2013 et ont été révélées en novembre 2014. Six grandes banques sont impliquées dans ces manipulations : Bank of America, Citibank, HSBC, JP Morgan Chase, Royal Bank of Scotland et UBS.

Cette dernière devra verser le plus gros montant : un total d'environ 774 millions de francs aux autorités compétentes des États-Unis, de l'Angleterre et de la Suisse. Il s'agit soit d'amendes soit de la restitution des bénéfices liés à ces malversations. Dans le cas de la Suisse, l'UBS devra s'acquitter de 134 millions de francs, montant supposé correspondre aux gains générés par ces manipulations. Cette banque ne recevra donc pas d'amende en Suisse, ce qui est idéal pour elle. Si les malversations ne sont pas détectées, les gains sont perçus. Sinon, ils sont remboursés. C'est comme si l'on se contentait de demander à un cambrioleur de restituer les objets dérobés. Cela ne peut que l'inciter à recommencer.

L'UBS possède une commission chargée de la gestion des risques et de leurs effets potentiels en termes de perte de réputation. Les membres de cette commission sont grassement payés pour effectuer ce travail : au moins 500 000 francs par an. Ils n'ont manifestement pas traité les risques de manipulation des cours de devises avec l'attention qu'ils méritaient.

S'il se confirme que cette banque ne paiera pas d'amende en Suisse, ces « risques » sont pour le moins limités et l'on comprend mieux pourquoi cette commission a dû avoir d'autres priorités.

En conclusion de ce chapitre, il convient de rappeler que le marché est central dans l'argumentation libérale. Il se doit, au travers du mécanisme de formation des prix, d'organiser l'économie de manière efficace. En ce qui concerne les marchés financiers, devenus le système nerveux de l'économie, ce mécanisme est actuellement défectueux.

Dans le contexte de l'actuelle finance casino, dans laquelle de puissants acteurs sont en situation d'influencer ou de manipuler les cours boursiers et sont ainsi associés à de nombreux scandales et délits, ces cours financiers ne sauraient véritablement représenter les valeurs fondamentales des actifs.

Les marchés financiers ne sont plus vraiment capables de jouer leur rôle qui consiste à permettre une allocation optimale des capitaux et des risques. Lorsque les capitaux sont utilisés pour des paris plutôt que pour des investissements, ils perdent leur caractère productif et donc leur nature de capital.

Le secteur financier est devenu étranger à l'esprit d'entreprise et aux principes du libéralisme sur lesquels il prétend reposer. Au sein de la sphère financière, la main invisible d'Adam Smith est de plus en plus inopérante, dans la mesure où chercher à satisfaire des intérêts particuliers génère un risque systémique et nuit donc au bien-être général.

La financiarisation de l'économie contredit les principes de base du libéralisme.

Chapitre 5

LA NAISSANCE DE L'HOMO-FINANCIARIUS ET L'ASSERVISSEMENT DES ÉLITES

Et pendant ce temps que font les élites politico-économiques ? Elles sont occupées, pratiquant le plus souvent la langue de bois sur les plateaux télévisés et prétendant trouver des solutions à la crise dans un cadre néo-libéral, alors que celui-ci en est la cause. L'élite intellectuelle la plus médiatisée considère elle aussi ce cadre comme indépassable. À défaut de proposer des solutions, certains de ses membres propagent l'idée selon laquelle la crise serait terminée. La meilleure solution pour résoudre un problème n'est-elle pas encore de nier son existence ? La page serait aujourd'hui tournée et preuve en serait donnée par l'augmentation des cours boursiers en 2012 et 2013. Or cette croissance, due à des injections massives de liquidités par les banques centrales, ne fait que traduire la déconnexion croissante entre secteur boursier et économie (chap. 2). Il convient à ce niveau d'ajouter que, depuis le début de la crise, les banques centrales ont acquis des montants colossaux d'actions, ce qui permet de maintenir sous perfusion les marchés financiers.

Quant au monde académique, il ronronne… Ses nombreux cercles d'économistes sont pour la plupart en orbite autour du pouvoir. Devenir « conseiller du Prince » est l'objectif ultime de la plupart de ses membres. Par ailleurs, les grandes banques financent de plus en plus de chaires universitaires et exercent ainsi une influence sur ceux qui en bénéficient, ainsi qu'indirectement sur l'enseignement et la recherche. Ces mêmes institutions financières, renflouées par des fonds publics pour éviter la faillite, prêchent la bonne parole et subventionnent professeurs voire le cas échéant étudiants en primant des mémoires de fin d'étude. Elles procèdent aussi à des donations pour l'organisation de conférences en économie ou en finance. Tout cela représente en réalité un coût caché pour le monde académique. D'une part, ce dernier est de fait complice de ces tentatives de blanchiment d'image de la part d'institutions à la réputation douteuse, associées parfois à de nombreux scandales. D'autre part, cela conforte l'École de Chicago, qui prône le néo-libéralisme, dans l'exercice du monopole des idées et des concepts économiques dans le monde académique et lui octroie ainsi une véritable influence sur la plupart des cercles d'économistes, de gauche comme de droite. Les rares économistes qui osent remettre en question cette école sont en effet marginalisés.

Pour certains membres de ces cercles, une crise aurait par ailleurs des effets positifs liés au processus de « destruction créative » (sic !), qui tout en détruisant des emplois est censé en créer de nouveaux. Or si le processus de destruction fonctionne pleinement, son pendant en termes de création est moins perceptible ! Au niveau international environ 61 millions d'emplois ont en effet été détruits avec la crise, mais la création massive de nouveaux postes de travail, due à l'apparition de nouvelles technologies ou de nouveaux modes de production, n'est pas une réalité tangible !

Cette théorie n'est pas sans rappeler les opinions en vigueur dans certains milieux d'avant la Grande Guerre et lors de son déclenchement. Si une crise peut engendrer une « destruction créative », une guerre, en particulier celle de 1914-1918, se devait « purificatrice ». Si guerres et crises constituent des sortes de purges cycliques inévitables, elles seraient dans la nature des choses et pourraient de ce fait avoir des effets positifs. L'écrivain Heinrich Mann, expliqua que « certains, pour ne pas dire la plupart, en avaient profondément assez »[85] et que ceux-ci perçurent la Première Guerre mondiale en tant que « promesse de renouveau »[86].

Bien avant la guerre de 1914-1918, Dostoïevski déclarait en 1877 dans son *Journal d'un écrivain*:

> « Alors, il est évident que la guerre aussi sert à quelque chose, elle est salubre, elle soulage l'humanité. C'est indignant, si on y réfléchit abstraitement [loin de la réalité concrète], mais dans la pratique il résulte, semble-t-il, que c'est ainsi, et c'est exactement parce que pour un organisme contaminé même une chose aussi bénéfique que la paix se convertit en nuisance. »[87]

Tout aussi révélateur est ce que Nietzsche écrit dans *Ainsi parlait Zarathustra*, en 1883 :

> « Vous devez aimer la paix comme moyen de futures guerres. Et aimer la paix brève plutôt que longue… Vous dites qu'une bonne cause sanctifie aussi la guerre ? Je

85 MANN Heinrich, *Die Verräter, Sämtliche Erzählungen III*, traduction personnelle, S. Fischer, 1996, p. 516 : « Manche, wenn nicht die meisten, hatten irgendetwas gründlich satt ».

86 *Ibid.*, p. 516 « Der Krieg versprach eine Erfrischung ».

87 DOSTOÏEVSKI Fiodor, *Journal d'un Écrivain, 1875, 1876 et 1877*, traduit du russe par J.-W. Bienstock et John-Antoine Nau, Paris, Bibliothèque Charpentier, 1904, p. 431, traduction adaptée.

> vous dis : la bonne guerre sanctifie toute cause. La guerre et le courage ont fait plus de grandes choses que l'amour du prochain. »[88]

ou lorsque dans *Humain, trop humain*, en 1878, Nietzsche écrit que d'une guerre « l'homme en sort plus fort pour le bien comme pour le mal »[89]. Ces propos contrastent avec ceux de l'écrivain suisse Blaise Cendrars qui ayant participé à la Première Guerre mondiale écrivit dans son œuvre *La Main coupée* :

> « Mourir pour la patrie est le sort le plus beau… n'est-ce pas ? Vous croyez-vous au théâtre, Monsieur ? Avez-vous perdu le sens de la réalité ? Vous n'êtes pas au Français, ici. Et savez-vous ce qui se cache sous cet alexandrin ? La guerre est une ignominie. Tout au plus ce spectacle peut-il satisfaire les yeux, le cœur d'un philosophe cynique et combler la logique du pessimisme le plus noir. La vie dangereuse peut convenir à un individu, certes, mais sur le plan social, cela mène directement à la tyrannie, surtout dans une république menée par un sénat de vieillards, une chambre de bavards, une académie de m'as-tu-vu, une école de généraux… »[90]

La Grande Guerre et celles qui l'ont suivies au XXe siècle n'ont pas permis l'apparition de ce surhomme, cher à Nietzsche, *sujet* de son destin et de l'Histoire ; elles ont plu-

[88] NIETZSCHE Friedrich, *Ainsi parlait Zarathoustra, O.C.*, traduction par Henri Albert, Société du Mercure de France, 1903, vol. 9, p. 65.

[89] NIETZSCHE Friedrich, *Humain trop humain*, aphorisme 444, Paris, Folio Gallimard, 1988, pp. 266-267.

[90] CENDRARS Blaise, *La Main coupée* (1946), Paris, Gallimard, Folio, 2002, p. 378.

tôt vu la montée en puissance de la pâle figure de l'homo-economicus, optimisant ses gains et donc lui-même optimisé et *objet*. Avec la prise du pouvoir par le néo-libéralisme, dans les années 1980, ce dernier a muté et s'est transformé en homo-financiarius, créature prédatrice, caractérisée par un profond cynisme et par une propension à l'accumulation insensée de richesses, nuisible pour la société. Le surhomme devait permettre de dépasser le système des valeurs judéo-chrétiennes, l'homo-financiarius représente une régression par rapport à ces valeurs ; les siennes sont purement financières et il est prêt à tout pour les satisfaire. Le sociologue Max Weber expliqua en son temps l'importance jouée par la religion protestante dans le développement du capitalisme. Aujourd'hui les marchands du Temple et les adorateurs du veau d'or ont pris le pouvoir. Ils ont transformé l'actuelle économie financiarisée qu'est le néo-libéralisme en une religion dévoyée où le cynisme à l'état pur est la qualité requise. Lloyd Craig Blankfein, directeur de la banque Goldman Sachs et faux prophète devant l'Éternel, n'a-t-il pas déclaré en 2009 qu'il « accomplissait l'œuvre de Dieu » ! Le Dieu de cette nouvelle religion est l'argent, ses lieux de culte les casinos que sont devenues le plus souvent les salles de marché, son paradis l'instant d'éternité que procurent les bonus illimités aux directeurs et traders méritants. Son mythe le plus important est celui de la main invisible (chap. 3), censée permettre un fonctionnement idéal des marchés. Son langage n'est que trop souvent un substrat compliqué, drapé dans les habits de la science, qui impressionne le croyant plus qu'il ne le convainc. Comme le latin pour l'Église catholique romaine d'avant le concile Vatican II, ce langage hermétique est réservé aux initiés. Il permet d'élaborer un rite, une communication basée sur un support mystérieux et indéchiffrable pour le commun des mortels. Quant au trafic des indulgences, le voici ressuscité, mais sous une nouvelle forme. L'État – en pratique le contribuable –

se doit en effet de s'acquitter d'énormes sommes pour financer le renflouement et les subventions de mastodontes financiers, dans l'espoir d'obtenir l'indulgence des marchés financiers ainsi que de futurs prêts. Cette dynamique est néfaste à la société.

Les facteurs clés de la croissance de l'économie financiarisée, loin d'être l'épargne et l'investissement, dont le véritable développement serait dû, selon Max Weber, à l'émergence du protestantisme, se sont mués en dettes et paris douteux. Ces derniers étant effectués le plus souvent aux frais du contribuable, sans que ce dernier ne soit consulté à cet effet.

Si l'économie financiarisée est devenue une religion dévoyée, si la faillite financière n'est que la résultante d'une faillite morale, alors une nouvelle Réforme est nécessaire, une réforme d'un type particulier, puisqu'il ne s'agit pas de créer une nouvelle religion, mais bel et bien de replacer l'homme au cœur de l'économie. Cette réforme devrait avant tout traiter de la question des valeurs de notre société et de celles des individus la composant, mettre en lumière que celles-ci ne sauraient être uniquement financières, que les vraies valeurs ne le sont pas et que l'*être* ne saurait se confondre avec l'*avoir*. Cette question déborde du cadre strictement économique, elle est d'ordre philosophique, religieuse et politique. La considérer permettrait précisément de remettre la finance à sa place, au service de l'économie et de placer cette dernière au service de la société.

L'asservissement des élites

L'auteur Julien Benda, dans un livre daté de 1927, *La trahison des clercs*[91], analysa comment à l'époque les élites intellectuelles

91 BENDA Julien, *La Trahison des clercs,* Paris, Grasset, 2003.

trahissaient leur mission en adoptant, au nom du pragmatisme, des positions xénophobes, nationalistes ou militaristes, au lieu de prôner l'esprit des Lumières, et ainsi de servir et de défendre ces valeurs « éternelles et désintéresses » que sont les valeurs de l'esprit.

C'est aussi à une trahison des élites à laquelle on assiste aujourd'hui, non pas comme lors de l'Entre-deux-guerres et de la montée en puissance en Europe de dictatures fascistes ou stalinistes, mais via cette prise de pouvoir néo-libérale, soutenue explicitement ou implicitement par une grande partie des élites.

La faillite morale, liée à l'omniprésence d'élites trop souvent corrompues, est désastreuse et encore plus inquiétante que celle financière d'une entreprise ou d'un pays. Elle est désastreuse, en cela qu'il s'agit de la ruine des valeurs sur lesquelles notre société est censée reposer. Au travail, à la confiance, à la responsabilité se substituent, au cœur du système financier, l'endettement, le cynisme et la socialisation des pertes. Quant aux valeurs non monétisables – les plus importantes, comme l'amour, l'amitié, l'honneur – elles tendent à être oblitérées, reléguées au magasin des antiquités.

Cette faillite morale, cette corruption intellectuelle des élites ou de celles qui se prétendent telles est associée à une confusion des idées et des concepts. Pour reprendre les thèses de Francis Fukuyama, après la chute du mur de Berlin, l'organisation économique de la société, supposée être associée au libéralisme et à la démocratie, constituerait un stade ultime du capitalisme vers lequel la société humaine aurait, au fil des siècles, convergé. Au nom du réalisme, cette vision s'est imposée parmi les « élites ». Paradoxalement, cet état d'équilibre soi-disant indépassable, qui serait actuellement celui de la société, connaît de graves déséquilibres. Comment un tel état pourrait-il être compatible avec la situation présente, caractérisée par une finance casino, un chômage de masse et une démocratie plus virtuelle que réelle ?

Le système de formation supérieure a une responsabilité dans ce processus de conversion au réalisme de la future élite. Comme l'écrivent les auteurs d'un appel publié en 2011[92] « plus de trois ans après l'éclatement de la crise qui a fortement mis en lumière les écueils, limites et dangers ainsi que les responsabilités de la pensée dominante en matière économique, cette dernière continue à exercer un quasi-monopole sur le monde académique. » Au lieu d'avoir pour objectif de contribuer au bien-être commun, la recherche produit ainsi trop souvent « des analyses complaisantes sur les supposés bienfaits de la financiarisation de l'ensemble du système économique obtenus grâce aux avantages présumés de l'innovation et de la spéculation financière ».

La fausse monnaie intellectuelle

La mise sur un piédestal de soi-disant sommités, qui occupent des fonctions importantes sans contrôle scientifique ou démocratique suffisant, accentue cette conversion au réalisme des élites intellectuelles et donc *in fine* leur trahison. La nomination des prix Nobel d'économie (ou plus précisément des prix de la Banque de Suède en sciences économiques en mémoire d'Alfred Nobel) illustre ce problème. Médiatisés et encensés à l'excès, ils sont en position d'influencer les gouvernements en ce qui concerne leur politique économique, les entreprises dans leurs politiques d'investissement et les institutions académiques en termes de stratégies d'enseignement et de recherche. Il est inquiétant de constater que nombre d'entre eux pro-

92 Appel des enseignants-chercheurs, *Renouveler la recherche et l'enseignement en finance, économie et gestion pour mieux servir le bien commun*, Genève-Fribourg-Zurich mars 2011, en ligne : http://www.responsiblefinance.ch/appel/

viennent de l'Université de Chicago connue pour prôner la dérégulation la plus grande possible pour les marchés – celle-ci étant pourtant l'une des causes de la crise –, et que deux de ces lauréats (Robert Merton et Myron Scholes, nobélisés en 1997) ont par la suite été associés à la quasi-faillite du fond d'investissement LTCM en 1998. D'autres lauréats plus récents ne contredisent malheureusement pas cette analyse.

En octobre 2013, une fumée blanche est apparue dans le ciel de Stockholm et trois nouveaux papes de l'économie ont été nominés : Eugene Fama, Lars Peter Hansen et Robert Schiller. Il s'agissait de les récompenser pour leurs « analyses empiriques des prix des actifs ». Fort bien en soi, mais les membres du jury n'ont malheureusement pas pris le temps d'expliquer si ces analyses étaient pertinentes face à un chômage et une précarisation de l'emploi persistants. Il convient de remarquer que les deux premiers lauréats cités sont aussi membres de l'Université de Chicago, dont les dangereuses recettes continuent à être appliquées par la plupart des gouvernements. Eugene Fama est associé à la théorie de l'efficience des marchés selon laquelle les marchés financiers ne sauraient avoir tort, contrairement à ceux parmi ses acteurs qui tenteraient de l'anticiper ou de le « sur-performer », c'est-à-dire de générer régulièrement un rendement supérieur à celui d'un indice boursier comme le SMI en Suisse ou le CAC 40 en France. Ces marchés seraient la référence naturelle de notre économie, son Dieu parfait et insondable, son alpha et oméga. Or, l'existence même d'une crise contredit cette théorie. Si les marchés financiers ont toujours raison, pourquoi changent-ils d'avis aussi brusquement, comme c'est le cas lors d'une crise, alors qu'aucune nouvelle information ne saurait le justifier ? Le communiqué officiel laisse songeur : ce lauréat aurait démontré qu'il était extrêmement difficile de prévoir le cours des actions à court terme. Cette évidence quotidienne mérite certainement un prix Nobel… Robert

Schiller aurait montré qu'il était moins difficile de prévoir les cours à long terme que ceux à court terme. C'est certainement rassurant, mais les précisions à court terme étant extrêmement hasardeuses, on pourrait difficilement faire pire à long terme. Par ailleurs, comme personne n'est capable de définir précisément ce qu'est le long terme (1, 5, 10 ans?), ce résultat n'est pas d'une utilité flagrante. Les travaux de ces deux lauréats sont plus contradictoires que complémentaires. Le premier se fonde sur l'hypothèse de rationalité des agents économiques, tandis que le second met en avant leur caractère irrationnel.

Les questions auxquelles les prix Nobel devraient répondre demeurent en suspens. Quels sont les modèles économiques ou financiers qui peuvent être encore employés? Et de manière plus générale, quelles sont les solutions susceptibles de permettre d'en finir avec la crise et de mettre la finance au service de l'économie et de la société? Manifestement, en 2013, ces questions n'ont pas été jugées pertinentes par les membres du jury, pas plus qu'elles ne l'ont été en 2014!

Des élites asservies apparaissent à des niveaux inférieurs dans la pyramide de la notoriété. À titre d'exemple, il est intéressant de mentionner le cas de Frederic Mishkin, professeur à la Columbia Business School et qui a, selon *Le Monde Diplomatique*[93], apposé son nom, en 2006, avant l'éclatement de la crise, sur un rapport intitulé «Stabilité financière en Islande» pour lequel il aurait perçu 135 000 dollars. Selon la même source, le professeur Richard Portes, de la London Business School, aurait perçu 58 000 livres pour une expertise similaire[94].

93 SIGURGEIRSDOTTIR Silla, WADE Robert, «Quand le peuple islandais vote contre les banquiers», *Le Monde Diplomatique*, mai 2011, p. 1, 18-19.

94 PORTES Richard, *The Internationalisation of Iceland's Financial Sector* (with Fridrik Mar Baldursson and Frosti Olafsson), Iceland Chamber of Commerce, November 2007, p. v et 69.

L'économie et la finance ne sauraient être des matières uniquement techniques au point d'être réservées aux seuls initiés, à fortiori si ceux-ci ne jouent pas leur rôle. Le citoyen se doit de prendre les choses en main, puisqu'en dernière instance il assume les frais de la crise ; c'est donc à lui d'exiger de ces initiés qu'ils contribuent à la résolution et non à la création de problèmes. Ce dont il devrait s'agir, c'est d'indignation et d'engagement, pour reprendre les termes de Stéphane Hessel[95]. La diffusion d'une « fausse monnaie intellectuelle », c'est-à-dire de concepts sans valeur, de la part d'élites trop souvent asservies contribue à la prolongation de la crise et du chômage de masse.

Monde politique et corruption

Le monde politique est en grande partie responsable de l'actuelle crise. Aujourd'hui, c'est trop souvent de corruption pure et simple des élites dont il est question. La classe politique grecque, droite et gauche confondue, en est le parfait exemple. Dans ce pays, jusqu'aux élections de janvier 2015, il semblait plus facile de ponctionner les contribuables européens, grecs ou non, de diminuer les retraites et salaires des fonctionnaires, que d'exiger des armateurs grecs et des grandes fortunes de ce pays qu'ils paient leurs impôts.

Lorsqu'en 2010, Christine Lagarde, ministre des finances du gouvernement de François Fillon, transmit à son homologue grec, Georges Papaconstantinou, ministre des finances d'octobre 2009 à juin 2011, un CD-Rom contenant une liste de 2063 contribuables grecs disposant en 2007 de comptes auprès de la filiale suisse de HSBC, cela ne fut suivi d'aucun

95 HESSEL Stéphane, *Indignez-vous !*, Indigène Editions, Montpellier, 2010.

effet. Et pourtant, au lieu de mener une douloureuse politique d'austérité qui n'a fait qu'accentuer les problèmes, les gouvernements grecs qui se sont succédés au pouvoir jusqu'au 25 janvier 2015 auraient dû s'assurer que les contribuables grecs, disposant de comptes à l'étranger, s'acquittent de leurs impôts : le manque à gagner représente chaque année pour la Grèce des milliards d'euros. Jusqu'à cette date, où le parti Syriza a remporté la victoire aux élections et a formé un nouveau gouvernement, ni M. Papaconstantinou ni ses successeurs, le socialiste Evángelos Venizélos devenu par la suite secrétaire général de son parti, puis Yannis Stournaras, ministre des finances jusqu'en juin 2014, n'ont jugé bon d'utiliser cette liste pour demander aux personnes y apparaissant de payer leurs impôts. Monsieur Papaconstantinou a même invoqué comme excuse la perte de ce précieux CD-Rom. En effet comme il a dû regretter de ne pas pouvoir, alors en sa qualité ministre de l'économie, exiger de certains de ses amis et collègues, voire de certains membres de sa famille, qu'ils s'acquittent de leurs impôts ! D'après le magazine grec *Hot Doc*, qui en 2012 a publié cette liste, et la première page du *Wall-Street Journal* daté du 2 novembre 2012, qui en a tiré un article, cette liste contiendrait les noms de deux anciens ministres, d'un conseiller du premier ministre élu en 2012, Monsieur Samaras, ainsi que ceux d'hommes d'affaires connus dans le pays. Le courageux journaliste grec responsable de cette publication a connu pendant un certain temps les foudres de la justice de son pays pour avoir osé briser l'omerta !

Le vendredi 28 décembre 2012, cette affaire prit une nouvelle tournure, puisque M. Papaconstantinou, l'ex-ministre des finances grec ayant reçu cette liste a été accusé de l'avoir falsifiée. Selon les médias il aurait effacé les noms de deux de ses cousines, filles d'un autre ex-ministre (un conservateur aujourd'hui décédé), et de leur mari. Le Pasok, parti dirigé par son successeur Evángelos Venizélos, a par la suite prononcé son expulsion…

De manière générale, dans de nombreux pays, le système politique est à bout de souffle. La situation française illustre ce problème. Les grands partis, dits de majorité ou d'opposition – le Parti Socialiste et l'UMP – sont en état de décomposition avancée, rongés qu'ils sont par les scandales à répétition, les trahisons et reniements en tous genres. Le spectacle qu'ils donnent est pitoyable et indigne d'une démocratie. Des individus médiocres et corrompus arrivent à se placer au cœur du pouvoir.

La crise actuelle déborde du cadre strictement financier. Elle est aussi la crise des valeurs de notre société. Avec sa justification implicite ou explicite du fonctionnement actuel de l'économie, l'élite tient trop souvent le rôle de faux-monnayeurs de la pensée[96]. Cette corruption, cet asservissement sont des maux qu'il faut traiter avec le plus grand sérieux, à moins de se satisfaire d'une situation où il n'y aurait « plus aucune espèce de conscience, sauf, si l'on peut s'exprimer ainsi, la conscience de l'opinion publique et celle du code pénal »[97] comme l'écrivait Léon Tolstoï dans *La sonate à Kreutzer*.

[96] Voir CHESNEY Marc, « L'économie financiarisée et ses faux-monnayeurs », *La Littérature face à l'hégémonie de l'économique*, sous la direction de Ursula Bähler et Patrick Labarthe, *Versants* numéro spécial, 58, 2011, pp. 67-77.

[97] TOLSTOÏ Léon, *La Sonate à Kreuzer*, traduction de Ély Halpérine-Kaminsky, Paris, Flammarion, 1906, p. 157.

Chapitre 6

DE QUELQUES REMÈDES ET SOLUTIONS

La Première Guerre mondiale s'est conclue par la disparition des quatre empires russe, austro-hongrois, ottoman et allemand (le deuxième Reich). Trouver des solutions à la crise actuelle requiert la reconfiguration d'empires d'une autre nature. Ils sont au moins au nombre de quatre : le financier bien sûr, ainsi que l'énergétique, le militaire et celui des technologies de l'information, qui méritent aussi d'être mentionnés ici bien qu'ils ne constituent pas le sujet de ce livre. De par la puissance de leurs lobbys, ces secteurs exercent tous une vaste emprise sur notre société et lui font courir des risques considérables.

L'*empire financier* a été traité dans les chapitres précédents. Selon le journaliste François Fejtö, les causes de la généralisation de la Grande Guerre sont liées à « la conviction qu'une grande puissance ne peut se maintenir que par l'expansion »[98]. Les causes de la prolongation de la crise financière sont aussi liées à ce phénomène. Le secteur financier est structuré autour de méga-banques, qui continuent à croître en rachetant

[98] FEJTÖ François, *Requiem pour un empire défunt*, Paris, Lieu Commun, 1988, p. 30.

d'autres institutions. Les vagues de dérégulations leur ont permis de s'implanter dans des secteurs comme l'assurance, l'énergie, les métaux, les denrées alimentaires…, auxquels elles auraient dû rester étrangères. Elles étendent ainsi leur pouvoir sans qu'aucune régulation internationale n'envisage même de mettre fin à ces pratiques.

L'*empire énergétique* mène le monde avec le secteur financier. L'« étalon or-dollar » a été dans les faits remplacé par l'« étalon pétrole-dollar », avec un cours du pétrole déterminé en dollars dont les soubresauts sont déterminants pour l'économie mondiale. L'« or noir » avec le charbon génèrent une croissance des émissions de CO_2 – de l'ordre de 40% entre 1990 et 2010 – qui fait courir aux générations tant actuelles que futures le risque considérable lié au réchauffement global de notre planète. L'énergie nucléaire, comme l'exploitation du gaz de schiste récemment initiée, autre composante de cet empire, met elle aussi en danger les populations avec des risques ingérables et pratiquement non assurés.

L'*empire militaire* est démesuré. Au XXe siècle, les guerres ont causé la mort d'une centaine de millions de personnes. Un siècle après le déclenchement de la Première Guerre, la situation en Ukraine menace de déraper en un dangereux conflit militaire. Cet empire absorbe bien trop d'investissements et d'énergies, qui font défaut par ailleurs.

L'*empire des technologies de l'information* est devenu l'outil de contrôle moderne des populations, permettant à des États, « démocratiques » ou non, d'intercepter les communications nationales et internationales, qu'elles soient réalisées par l'Internet, le téléphone, le fax… Cet empire contribue ainsi à donner à la démocratie un caractère virtuel[99].

[99] Voir chap. 1.

Reconfigurer ces empires, trouver des solutions aux crises actuelles implique que les élus traitent véritablement les problèmes et exercent ainsi leurs responsabilités vis-à-vis de leurs électeurs et des citoyens en général. Lloyd George, nommé Premier Ministre anglais en décembre 1916, fit remarquer au sujet des origines de la guerre et de l'attitude du chef de l'État français et du ministre des Affaires étrangères russe: «on sent que Poincaré et Sazonov s'étaient dit: ce qui importe, ce n'est pas d'éviter la guerre; c'est de nous donner l'air d'avoir tout fait pour l'éviter»[100]. Actuellement, le citoyen sent lui aussi que de nombreux politiciens se donnent l'air de vouloir résoudre les graves problèmes auxquels notre société est confrontée, à défaut de le faire véritablement.

On s'est ici focalisé sur l'empire financier à la puissance inquiétante. La situation actuelle menace de déraper et d'échapper à tous contrôles. Elle requiert de véritables solutions. La société est située à un tournant, caractérisé comme suit:

- Les marchés financiers ne sont plus en état de fonctionner. Ils n'assurent plus une allocation optimale des capitaux et des risques. Au contraire, comme le montre la crise actuelle, ils contribuent à générer des risques.
- Les banques dites *too big to fail* sont subventionnées. Elles sont incitées à s'engager dans des activités risquées au dépend des contribuables, actionnaires, clients, employés, c'est-à-dire au dépend de l'économie. Elles se comportent comme des pompiers pyromanes.
- Le secteur financier devrait être au service de l'économie et non la dominer, comme c'est le cas actuellement.

[100] *Ibid.*, note 98, pages 35 et 36 ou le numéro spécial du *Crapouillot* sur la grande guerre, daté de 1935.

- La main invisible d'Adam Smith, devenue le mythe de la religion neo-libérale, est de moins en moins effective, dans la mesure où pour les grandes banques et les fonds d'investissement, la satisfaction des intérêts particuliers nuit de plus en plus au bien commun et à l'économie.
- Force est de constater par ailleurs que ces défaillances économiques et financières débouchent finalement sur une caractéristique d'ordre politique : dans les pays soi-disant démocratiques, la démocratie est trop plus souvent formelle que réelle. Elle est finalement en piteux état.

Les problèmes évoqués dans ce livre et résumés par ces cinq caractéristiques admettent des solutions, qui le plus souvent relèvent du simple bon sens. Elles ne sont cependant pas mises en œuvre. Les mesures prises pour remédier à cette crise ont une orientation différente et se révèlent être inopérantes : ce sont des recettes qui ne sont pas à la hauteur des enjeux. Ni la politique monétaire des banques centrales, avec des taux d'intérêts presque nuls, ni la politique fiscale menée par de nombreux gouvernements et caractérisée par une austérité grandissante, n'apportent de réponses. Au contraire, ces mesures accentuent les difficultés.

Pour quelle raison le cap est-il maintenu alors que ces politiques ont amené la société dans une impasse ? De puissants lobbies sont à l'œuvre, ils sont en situation de quasiment vider les projets de réformes de leur contenu, comme par exemple dans le cas des impôts sur les transactions financières, où de véritables non-réformes sont présentées à grand renfort de publicité ! Ces groupes de pression œuvrent en coulisse pour que les gouvernements, qui devraient représenter les intérêts de leurs électeurs, et les banques centrales, censées être indépendantes du pouvoir politique, soient en réalité dépendantes et donc sous influence du secteur financier. Les lobbies sont à l'origine d'une manipulation à grande échelle de l'opinion publique. L'ingrédient fondamental est la peur de mécontenter les marchés financiers. La générer permet d'implémenter des politiques qui répondent aux intérêts d'une caste ultra-minoritaire, mais qui se révèlent dangereuses pour le commun des mortels.

L'absence de mises en œuvre de véritables mesures donne à la crise un caractère quasi-permanent. Depuis son commencement, bien peu a été accompli en dépit des nombreuses réunions organisées au plus haut niveau et de leurs orchestrations médiatiques. Contrairement aux dires de nombreux banquiers et régulateurs, le système financier n'est pas plus sûr actuellement qu'avant le début de la crise.

Ce caractère quasi-permanent est la résultante d'une prétendue démocratie où de nombreux élus perdent de vue leur devoir d'œuvrer pour le bien commun, tout occupés qu'ils sont à défendre les intérêts des puissants lobbies de la finance. Résoudre cette crise, soigner ce cancer qui ronge la société requiert non pas l'utilisation de recettes au goût amer, mais essentiellement le respect de principes de base : d'une part réanimer la démocratie, la sortir de son coma, et d'autre part mettre la sphère financière au service de l'économie et de la société. Pour satisfaire ce second principe, il est essentiel de remédier à la complexité croissante du secteur financier. Cela requiert des mesures simples, transparentes et qui devraient tenir en un nombre limité de pages. Les nouvelles régulations sont trop complexes et trop longues. Par exemple, celle dite de Bâle III est un document d'environ 600 pages bien difficilement applicable (alors que les précédentes, Bâle I et II, tenaient en 30 et 300 pages respectivement). Cette tendance inflationniste est contreproductive, puisque seules les grandes banques sont en mesure de consacrer les ressources nécessaires au traitement et à l'éventuelle implémentation de ces mesures.

Les banques de tailles réduites ont le plus grand mal à s'adapter et ont tendance à chercher l'intégration dans un grand groupe. Les banques dites *too big to fail* accroissent ainsi leur taille et les plus petites ont plus de mal à survivre.

Mettre en œuvre ces principes simples requiert l'application de mesures sérieuses, adaptées aux problèmes. Nous en proposons un certain nombre.

Mesures pour réanimer la démocratie

- Instaurer une véritable démocratie directe, comme c'est le cas par exemple en Suisse, pour que le citoyen puisse proposer que des thèmes sujets à controverse soient débattus et finalement tranchés par le biais d'un référendum. Dans des pays comme la France, l'Allemagne, l'Angleterre ou l'Italie, le nombre de signatures requises pour lancer ce type de référendum ne devrait pas dépasser le million. Il est inconcevable que dans des pays soi-disants démocratiques, des questions essentielles – qu'elles soient de nature politiques, énergétiques, sociales, économiques ou financières – ne soient pas traitées démocratiquement et qu'elles ne relèvent en fin de compte que du fait du Prince. Qu'un monarque soit élu démocratiquement n'enlève rien à son statut de monarque, et ce à fortiori si d'une part, une fois élu il oublie son programme de candidat et si d'autre part, il prend des décisions arbitraires sous la pression de puissants lobbys. L'instauration d'une telle démocratie directe passera probablement par la création au niveau international d'un réseau de citoyens qui devrait se rassembler autour de quelques principes de base. Les graves problèmes, tant économiques que sociaux et environnementaux, auxquels nous sommes confrontés, requièrent des solutions globales. Trouver ces solutions et œuvrer à les implémenter, ainsi que de manière générale tenter de réanimer la démocratie devrait être l'objectif d'un tel réseau. Celui-ci devrait fonctionner sans politiciens professionnels. Que des militants politiques ou des fonds publics les rémunèrent est contreproductif. Car d'une part, ces politiciens sont coupés du monde réel pour lequel ils sont censés se dédier et trouver des solutions, et d'autre part, de telles rémunérations sont propices à des corruptions et à des malversations en tous genres. Un réseau de citoyens qui fonctionne sans politiciens professionnels permet à ses membres de ne pas devoir s'acquitter de cotisations et donc d'éviter d'éventuels détournements de fonds, inhérents à ce système comme on le constate dans de nombreux pays, dont la France. Un système de financements collectifs ponctuels, réalisés localement et directement par des membres de ce réseau, permet de financer ses activités: sites sur internet, réunions d'information, campagnes…

- Veiller à ce que la lutte contre le terrorisme ne soit plus le prétexte pour mettre sous contrôle permanent tous les citoyens. Ceux-ci ont droit au respect de leur sphère privée. Une démocratie ne saurait tolérer que leurs appels téléphoniques soient écoutés et que leurs courriers électroniques soient lus, et ce de manière continuelle. Un contrôle démocratique des institutions pratiquant cette surveillance à grande échelle devrait être instauré.

- Combattre l'évasion fiscale en instaurant des lois qui empêchent ou à défaut compliquent l'optimisation fiscale, dont tant les services publics que le fonctionnement de la démocratie pâtissent. S'assurer au moins que les responsables politiques européens, et en particulier le président de la Commission européenne, censés entre autres lutter contre l'évasion fiscale, ne soient pas justement ceux qui l'ont promue et organisée au dépend de nombreux pays européens et au bénéfice du leur. Les révélations « LuxLeaks » de novembre et décembre 2014, ont mis en lumière les accords fiscaux secrets passés depuis 2002, entre plus de 300 entreprises multinationales et les services fiscaux du Luxembourg, qui ont permis à ces sociétés – dont Pepsi, IKEA, FedEx, Walt Disney, Skype, Bombardier ou Koch Industries, ainsi que des entreprises européennes et en particulier une dizaine de sociétés grecques – de frauder le fisc dans leur pays d'origine et d'éviter ainsi de s'acquitter de centaines de millions d'euros d'impôts. Ces activités illicites ont été réalisées grâce à la création de sociétés dites « boîte aux lettres », c'est-à-dire sans activité réelle, au Luxembourg par exemple, et par l'utilisation de montages comptables et fiscaux particulièrement complexes et opaques, mis en place par les plus grandes sociétés de conseil expertes dans ce domaine, que sont PricewaterhouseCoopers, Ernst & Young, Deloitte et KPMG ; ces dernières par ailleurs conseillent de par le monde de nombreux gouvernements en ce qui concerne l'établissement de leurs règles fiscales et le contenu de leur politique économique[101] ! De qui se moque-ton ?

Ces montages ont été mis en place avec l'accord des plus hautes autorités de ce pays. Comment Jean-Claude Juncker, qui fut ministre des Finances puis premier ministre au Luxembourg et grand défenseur du « modèle luxembourgeois » a-t-il pu être élu en 2014 président de la Commission européenne ? Cette même Commission sermonne la Grèce et lui intime l'ordre de réduire son déficit, alors que son président a dirigé un pays qui a permis à des sociétés actives en Grèce de prati-

[101] Voir : « LuxLeaks 2 : le parlement européen prêt à enquêter, mais pas trop », Ludovic Lamant et Dan Israel, *Mediapart* le 10 décembre 2014.

quer l'évasion fiscale aux dépens de la République hellénique. Cela tourne presque à la farce. Et ce d'autant plus qu'il refuse la mise en place d'un registre public de sociétés écrans ou boîtes aux lettres, qui permettent l'évasion fiscale, sans parler ici du blanchiment d'argent.[102]

Cette optimisation permet à de grandes sociétés d'échapper en grande partie à l'impôt. Les pertes fiscales sont énormes et les amendes sont trop rares. En 2005, KPMG a cependant été condamné par la justice américaine à verser 456 millions de dollars pour des montages douteux ayant généré une perte fiscale de 2,5 milliards pour le Trésor américain. De même, en 2013, Ernst & Young a dû s'acquitter d'un montant de 123 millions de dollars. L'optimisation fiscale mise en place par cette société de conseil avait permis à nombre de ses clients de réduire indûment leurs impôts et ce pour un montant total dépassant deux milliards de dollars.

En France les grandes entreprises de l'indice financier CAC 40 ne paient en moyenne que des impôts correspondant à environ 8% de leurs bénéfices. C'est faible et correspond proportionnellement à deux ou trois fois moins que ce dont s'acquittent les PME. Selon une enquête présentée par la chaine de télévision France 2 le 9 décembre 2014, une entreprise comme EDF, détenue à 84% par l'État français, aurait, elle aussi, « optimisé » ses impôts, et ce grâce à l'utilisation de filiales au Luxembourg et en Irlande et grâce à sa participation dans une entreprise située aux Bermudes[103] ! Le fisc français aurait ainsi perdu chaque année plusieurs milliards d'euros d'impôts.

---

102 Voir "Juncker refuse de rendre publiques les données sur les sociétés-écrans", Dan Israel, *Mediapart*, le 12 décembre 2014.

103 Voir l'article intitulé : « Optimisation fiscale : EDF indirectement mis en garde par le gouvernement », *LeMonde.fr*, 10.09.2014.

- S'assurer que la liberté de la presse ne soit pas que théorique, mais qu'elle soit aussi déclinée en pratique. En particulier, les journaux numériques qui, pour conserver leur indépendance, excluent tout financement de type publicitaire, ne devraient pas être étranglés par une TVA scandaleusement élevée.

Mesures pour mettre la sphère financière au service de l'économie et de la société

I Régulation du secteur financier

- L'endettement des banques devrait être fortement limité. Les capitaux propres, qui correspondent actuellement à environ 3 ou 4% du total des actifs du bilan des grandes banques, devraient en représenter au moins 20 à 30%, comme c'était le plus souvent le cas au XIXe et au début du XXe siècle[104]. Lorsqu'une famille s'endette pour acheter une maison, les banques exigent un apport en capital bien plus élevé que les 3 ou 4% de la valeur du bien immobilier. Un pourcentage de 20% est souvent requis. À quel titre les grandes banques, pour leurs propres affaires, devraient-elles s'exonérer des contraintes qu'elles imposent à leurs clients ?

Par ailleurs, les pourcentages souhaitables ne génèreront d'effet stabilisateur que s'ils sont accompagnés d'une réduction substantielle des activités hors-bilan des grandes banques. En effet, pour avoir une image plus réaliste de l'endettement des banques, il faudrait considérer l'ensemble de leurs engagements : ceux qui figurent non seulement au bilan mais aussi au hors-bilan. Or, ceux-ci sont particulièrement opaques

[104] Le livre suivant est une référence intéressante en ce qui concerne les capitaux propres des banques : ADMATI Anat et HELLWIG Martin, *The Bankers' New Clothes*, USA, Princeton University Press, 2013.

(chap. 4). C'est le cas par exemple pour les fonds communs de créances – terme technique typique de la langue de bois financière – qui le plus souvent y figurent. Ces fonds sont en réalité des entités ad hoc (la créativité financière est sans limite) qui permettent aux grandes banques d'embellir leur bilan, en « exfiltrant » leurs actifs douteux et mauvaises créances. Leurs véritables risques sont ainsi camouflés et leur ratio de capitaux propres est artificiellement réduit. De ce fait, si ces derniers sont comparés à l'ensemble des engagements, au bilan et en dehors du bilan, comme cela devrait être le cas, ils risquent de correspondre à des pourcentages encore plus faibles que ces 3 ou 4%[105]. Ainsi, pour avoir une vision réaliste de l'état d'endettement des grandes banques, il faudrait connaître l'ensemble de leurs engagements, y compris ceux contenus dans leur énorme hors-bilan. Par ailleurs, l'objectif de réduction substantielle des activités du hors-bilan ne saurait être atteint qu'en limitant drastiquement la diffusion de produits dérivés.

- Les banques d'investissement devraient être séparées des banques de dépôt, comme c'était le cas aux États-Unis avec le Glass-Steagall Act, jusqu'en 1999. Une telle séparation protègerait les clients des banques de dépôt, puisqu'elle interdirait aux banques d'investissement de jouer au casino avec leurs économies. C'est un facteur de stabilité.

- La taille des banques devrait être limitée, car des tailles démesurées favorisent des prises de risque aux frais de la société. Ces institutions financières dites *too big to fail* prennent des

[105] Voir : *Capitaux propres et activités hors bilan*, Marc CHESNEY, Brigitte Maranghino-Singer, Diana FESTL-PELL, Blog : www.responsiblefinance.ch, 2015.

risques sans devoir en assumer les conséquences. Elles bénéficient d'une assurance gratuite aux frais du contribuable.

- La rémunération des dirigeants des banques devrait être limitée et la présence d'éventuels bonus devrait être couplée avec le risque de subir des malus. Actuellement, les stock-options et leurs rendements éventuellement élevés ont pour effet d'inciter à prendre des risques qui sont finalement assumés, comme on l'a dit, par le client, l'employé, l'actionnaire, le retraité et finalement le contribuable.

- Les centres de gestion et de contrôle des risques, pratiquement inefficaces dans les grandes banques, devraient être activés. Il serait plus utile de verser des bonus aux employés de ces services plutôt qu'aux traders. Or c'est malheureusement l'inverse que l'on observe aujourd'hui, ce qui montre bien où sont les priorités des grandes banques.

- Les activités des fonds spéculatifs devraient être fortement régulées et contrôlées. De manière générale, la puissance du système bancaire parallèle (*shadow banking system* en anglais), dont font partie ces fonds, est inquiétante. Ce système parallèle nuit à l'économie.

2 Certification et contrôle des produits diffusés par les banques

- Avant d'être commercialisés, les produits financiers devraient être certifiés, de manière à ce qu'ils satisfassent certaines normes, comme c'est le cas dans d'autres branches d'activités, comme les secteurs pharmaceutique, alimentaire, automobile… Une autorité de supervision devrait être responsable de l'éventuelle certification de ces produits. L'objectif étant de mettre fin à la diffusion de produits financiers toxiques.

- La diffusion de produits toxiques devrait représenter un délit dans le secteur financier, comme il l'est ou devrait l'être dans tous les autres secteurs économiques. Une telle diffusion devrait être considérée comme nuisant à la stabilité économique de par l'accroissement du risque systémique qu'elle induit.

- Les pratiques de titrisation[106] devraient être interdites. Permettre aux banques de revendre leurs créances douteuses les incite à être particulièrement laxistes en ce qui concerne l'octroi de prêt.

3 Transparence et taxation des transactions financières

- Les transactions financières de gré à gré devraient être réglementées. Elles créent elles aussi un risque systémique additionnel. Les produits financiers, dits dérivés, devraient être traités de manière transparente sur des marchés organisés et ne correspondre qu'à des produits de couverture. La diffusion des produits financiers permettant de parier sur les faillites d'entreprises ou de pays (comme c'est le cas avec les Credit Default Swaps) serait ainsi grandement limitée.

- Un impôt sur toutes les transactions électroniques devrait être introduit[107] : un taux de 0,2% voire de 0,5% ou de 1% serait très faible en comparaison avec celui de la TVA, mais certainement déjà trop élevé pour les lobbies du secteur financier. Au vu des montants financiers en circulation, il représenterait

[106] Voir la note 76.

[107] Cette idée a été introduite par Felix BOLLIGER dans son article « Reinvent the System – Microsteuer auf Gesamtzahlungsverkehr », Felix Bolliger Aktiengesellschaft, Zürich, 2013.

une véritable manne pour la plupart des États actuellement surendettés.

Pour donner une idée des flux qu'un tel impôt pourrait générer, l'exemple de la Suisse est particulièrement intéressant. En 2013, les transaction électroniques ont atteint un montant énorme de l'ordre de 100 000 milliards de francs[108], soit environ 160 fois le PIB suisse! Un impôt ne serait-ce que de 0,1% sur chacun des transferts électroniques aurait rapporté à ce pays 100 milliards de francs. Une taxe de 0,2% aurait généré le double: 200 milliards de francs, c'est-à-dire un peu plus du tiers du PIB suisse. Ce montant est supérieur à la somme de tous les impôts perçus dans ce pays, estimée en l'occurrence à environ 170 milliards de francs suisses. Pour résumer, un faible impôt à caractère automatique sur toutes les transactions électroniques permettrait théoriquement à ce pays, comme à la plupart des autres, d'abolir tous les autres impôts! Théoriquement bien sûr, car un tel impôt aurait pour effet de réduire les transactions sur les marchés d'actions, d'obligations, de devises… Il faudrait donc probablement l'augmenter à 0,5 ou 1% pour qu'il conserve son potentiel rémunérateur. Une réduction des transactions financières serait cependant très utile, car elle permettrait aussi de diminuer la spéculation effrénée sur les marchés financiers. Une telle taxe possèderait aussi l'avantage de sérieusement limiter la fraude fiscale, puisque tout transfert électronique est en principe automatiquement détecté et enregistré. Ainsi, une simple taxe, à caractère unique, ayant un coût de collecte particulièrement faible, devrait être, au niveau international, plébiscitée tant par les États que par les foyers fiscaux et la plupart des entreprises, car elle signifierait

[108] Voir l'annexe 2 du bulletin mensuel de statistiques économiques de la Banque Nationale Suisse, (SNB) de janvier 2013 «Trafic des paiements dans le Swiss Interbank Clearing SIC», cité par BOLLIGER Felix, voir la note en bas de page 82.

une simplification du travail administratif, ainsi qu'une forte baisse des impôts. Or elle n'est même pas considérée ! Pourquoi ? Elle a bien entendu le défaut de déplaire aux grandes banques qui sont responsables de l'écrasante majorité des transactions financières. Avec une telle taxe, ces institutions financières payeraient plus d'impôts que ce n'est le cas actuellement, et l'optimisation fiscale et autres astuces en tous genres seraient plus difficiles à mettre en œuvre !

Un tel impôt permettrait aussi de réduire la volatilité des cours boursiers et aurait comme autre effet positif de faire quasiment disparaître les transactions financières effectuées à la milli- ou à la microseconde. Il convient de mentionner qu'une telle taxe, même introduite dans un nombre limité de pays, aurait déjà des effets positifs. D'une part, elle stabiliserait l'économie de ces pays, puisque les activités de la finance casino auraient tendance à se déplacer à l'étranger. D'autre part, elle aurait un effet d'entraînement sur les citoyens et entreprises des autres pays qui observeraient avec intérêt qu'il est possible de réduire les impôts.

Il convient de souligner que cette idée d'impôt diffère de la fameuse taxe Tobin. D'une part il ne viendrait pas s'ajouter à des impôts déjà existants, mais il s'y substituerait, en réduisant la charge fiscale de la plupart des foyers et des entreprises, en particulier des PME, et en augmentant celle du secteur financier qui est sous-taxé[109]. D'autre part, il ne s'agit pas de taxer uniquement les transactions financières sur actions, obligations ou produits dérivés mais l'ensemble des paiements électroniques, y compris, par exemple, ceux concernant des factures de supermarchés ou de restaurants. Certains gouvernements

[109] Voir à ce sujet les declarations de Gerry Rice, porte-parole du FMI à Washington, le 31 janvier 2013. Selon lui, « Le secteur financier est sous-taxé et doit payer une part équitable afin d'atténuer le coût de la crise actuelle… »

européens, en particulier en France, s'activent d'ailleurs pour vider le projet de taxe Tobin de tout contenu. Ils semblent arriver malheureusement à leurs fins.

En 2012, 11 pays européens avaient décidé de s'orienter dans cette direction et d'instaurer à terme, à titre expérimental (on n'est jamais trop prudent!), une taxe sur les transactions financières ou «TTF». Ce projet, beaucoup moins ambitieux que celui de la Commission européenne en 2011, semblait réalisable et aurait dû générer un peu plus de 30 milliards d'euros. Aujourd'hui, de nombreux doutes pèsent sur la réalisation de ce projet. À l'heure où ce livre est écrit, début 2015, ce qui est indubitable, c'est que cette taxe ne saurait être introduite avant 2016, et que si elle est finalement appliquée, ce ne serait que sous la forme d'une version sans véritable portée, en contradiction avec les engagements des chefs d'État et de gouvernement de ces 11 pays, dont François Hollande. Ici aussi, de puissants groupes de pression sont manifestement à l'œuvre. Fin 2014, le ministre français de l'économie, Michel Sapin, n'envisageait d'ailleurs plus qu'une taxe se limitant principalement aux actions et excluant la plupart des produits dérivés. Quelle heureuse aubaine pour les grandes banques françaises, comme BNP Paribas, la Société Générale ou le Crédit-Agricole, très actives sur ces produits! Ainsi, les profits sur ces activités ne seront pas réduits et, en cas de pertes, le contribuable sera appelé la rescousse! S'agit-il là de cet esprit d'entreprise tant prôné par les gouvernements français qui se succèdent au pouvoir, ou de l'énième épisode d'une farce grotesque? Le lecteur l'aura compris, l'auteur de ce livre privilégie plutôt la seconde hypothèse!

Dans leur récent ouvrage, Christian Chavagneux et Thierry Philipponnat[110] décrivent les liens qui, particulièrement en

[110] *La Capture*, La Découverte, 2014.

France, unissent le monde politique et celui de la finance. Selon eux : « En France, la capture est largement sociologique du fait du système organisé de pantouflage et de la consanguinité bien connue des élites financières. Cette situation, combinée avec l'extrême concentration du système bancaire français, explique la volonté, non avouée mais bien réelle, de Paris de ne pas réformer la structure des banques. »

Cette porosité entre les secteurs politiques et les lobbies financiers a encore récemment été illustrée, en novembre 2014, par le transfert[111] du responsable des « affaires financières et monétaires » au sein de la représentation permanente française auprès des institutions européennes, Benoît de La Chapelle, vers la Fédération Bancaire Française (FBF), où il occupe désormais les fonctions de directeur délégué au sein de ce lobby de l'industrie bancaire française. Alors que les négociations à Bruxelles concernant l'introduction d'une taxe sur les transactions financières sont toujours dans l'impasse, l'un des porte-parole et spécialistes français de ce sujet et supposé défendre ce projet de taxe, rejoint un lobby farouchement opposé à l'introduction d'un tel impôt ! Le lecteur jugera s'il s'agit de capture ou de corruption des élites, ou des deux à la fois !

4 Le contrôle des agences de notation

- Les agences de notation doivent être contrôlées. Elles ont un pouvoir exorbitant qui nuit au bon fonctionnement de l'économie. L'objectif à court terme serait de responsabiliser leurs dirigeants des notes qu'ils émettent pour qu'ils puissent

[111] Voir l'article : « Taxe Tobin : les banques font leur marché chez les hauts fonctionnaires », Ludovic Lamant, *Mediapart*. 9 décembre 2014.

rendre des comptes à la justice en cas de crises ou de défauts de paiement générés par ces notes. La crise financière a montré le risque qu'elles représentent. Elles ont en effet attribué les meilleures notes aux produits financiers les plus douteux. Si elles avaient travaillé de manière plus objective, elles auraient probablement perdu leurs contrats avec les banques concernées qui les rémunèrent directement. Depuis 2010, elles ont essayé d'améliorer leur image, en se montrant particulièrement strictes avec un certain nombre de pays, dont la Grèce. Hurler avec les loups est tellement tentant.

5 La réduction du coût du capital

• Pour tenter de réduire le chômage, la réduction du coût du travail est l'une des priorités de la plupart des gouvernements occidentaux. À l'évidence, ces politiques menées au niveau international depuis des décennies n'ont pas porté leurs fruits. Au contraire, l'emploi s'est dégradé, il est devenu plus précaire. Les salariés se sont appauvris. La sphère financière a imposé sa logique à l'économie en exigeant des rendements de capitaux propres bien trop élevés, souvent de l'ordre de 15% avant le début de la crise financière. Cette ambition est dangereuse car elle incite les entreprises à exclure les projets d'investissement qui offriraient un rendement inférieur, mais qui seraient tout de même utile à la société, économiquement viables et donc positifs en termes de création d'emplois. De plus elle les amène à prendre plus de risques en s'endettant, dans l'espoir d'atteindre cet objectif de rentabilité.

Au lieu du coût du travail, ce qu'il faudrait réduire c'est celui du capital. Le réduire signifie pratiquement limiter les dividendes versés aux actionnaires, à fortiori si l'entreprise est dite *too big to fail*, c'est-à-dire si elle bénéficie de subventions (chap. 4). Par ailleurs, comme le coût du capital d'une entreprise reflète les risques qui lui sont associés, réduire ce coût passe par la diminution du risque systémique. Cette mesure implique donc une stabilisation de l'économie, de manière à réduire les risques de faillite et donc le risque encouru par les prêteurs et les actionnaires de ne pas recouvrer leurs fonds investis.

6 Repenser l'enseignement de l'économie et de la finance

- Les programmes et contenus des cours d'économie et de finance au niveau académique devraient être traités avec la plus grande attention, comme le réclame par exemple l'appel des enseignants-chercheurs lancé en 2011[112]. Trop souvent, à la lecture des plans de cours, la question se pose de savoir si une crise a vraiment débuté en 2007-2008 ! Analyser la crise et en tirer les conséquences est essentiel. Or, cela ne semble pas être une priorité académique !

Finalement, la mise en œuvre de toutes ces mesures requiert de la part des politiciens, capacité d'analyse volonté de réforme et… beaucoup de courage. Ceux-ci ont une responsabilité vis-à-vis des générations tant actuelles que futures, qui ont le droit imprescriptible de vivre de manière décente et digne.

[112] Voir note 92.